LES FLEURS DU MAL
ET LE SPLEEN DE PARIS

CHARLES BAUDE[...]

ÉTUDE DES ŒUVRES [...]
GUY BOURBONN[...]

D0865032

COLLECTION
PARCOURS D'UNE ŒUVRE

SOUS LA DIRECTION DE MICHEL LAURIN

Beauchemin
CHENELIÈRE ÉDUCATION

123 +224

Les Fleurs du mal et Le Spleen de Paris
Choix de poèmes

Édition présentée, annotée et commentée par
    Guy Bourbonnais, enseignant au cégep Marie-Victorin

Collection « Parcours d'une œuvre »

Sous la direction de Michel Laurin

© 2008, 2000 Groupe Beauchemin, Éditeur Ltée

Édition : Sophie Gagnon
Coordination : Johanne O'Grady
Correction d'épreuves : Christine Langevin
Conception graphique : Josée Bégin
Infographie : Transcontinental Transmédia
Impression : Imprimeries Transcontinental

Tableau de la couverture :
Les Fleurs du mal (1894),
huile sur toile.
Collection privée. Akg-images.
Œuvre d'**Armand Séguin**,
dessinateur et peintre breton
(1869-1903).

**Catalogage avant publication
de Bibliothèque et Archives nationales du Québec
et Bibliothèque et Archives Canada**

Baudelaire, Charles, 1821-1867

    Les fleurs du mal et Le spleen de Paris

    (Collection Parcours d'une œuvre)
    Éd. originale : c2000.

    Comprend des réf. bibliogr.

    Pour les étudiants du niveau collégial.

    ISBN 978-2-7616-5125-7

    1. Baudelaire, Charles, 1821-1867. Fleurs du mal. 2. Baudelaire,
Charles, 1821-1867. Spleen de Paris. 3. Baudelaire, Charles,
1821-1867 – Critique et interprétation. I. Bourbonnais, Guy,
1969- . II. Titre. III. Collection.

PQ2191.F632 2007   841'.8   C2007-941463-X

Beauchemin

CHENELIÈRE ÉDUCATION

7001, boul. Saint-Laurent
Montréal (Québec)
Canada H2S 3E3
Téléphone : 514 273-1066
Télécopieur : 514 276-0324
info@cheneliere.ca

ISBN 978-2-7616-5125-7

Dépôt légal : 1er trimestre 2008
Bibliothèque et Archives nationales du Québec
Bibliothèque et Archives Canada

Imprimé au Canada

1 2 3 4 5 ITG 11 10 09 08 07

Nous reconnaissons l'aide financière du gouvernement du Canada
par l'entremise du Programme d'aide au développement de l'indus-
trie de l'édition (PADIÉ) pour nos activités d'édition.

Gouvernement du Québec – Programme de crédit d'impôt pour
l'édition de livres – Gestion SODEC.

DANGER

LE
PHOTOCOPILLAGE
TUE LE LIVRE

À la mémoire de G. B. et J. S.-B.

TABLE DES MATIÈRES

INTRODUCTION

BAUDELAIRE, NOTRE CONTEMPORAIN

C'est un singulier destin que celui de la poésie de Charles Baudelaire. Lorsque celui-ci publie *Les Fleurs du mal,* il est inconnu des lecteurs, sinon de ceux qui ont lu certaines pièces déjà publiées dans les journaux ou certaines brillantes critiques de peinture. Le recueil obtient néanmoins un demi-succès de scandale à la suite de sa condamnation pour outrage à la morale publique.

Mais le succès est temporaire et Baudelaire est rapidement oublié. Ce n'est que dans les dernières années de sa vie qu'il lui est permis de croire que sa poésie a quelque chance de survivre dans l'histoire littéraire. Une nouvelle génération de poètes maudits, tels Verlaine, Villiers de l'Isle-Adam, et bientôt Rimbaud, célèbre le génie de l'auteur de *Correspondances* et reconnaît en lui « un vrai Dieu », comme l'écrit Rimbaud dans ses fameuses *Lettres du voyant.*

Quelques décennies plus tard, sa renommée s'étend au-delà des frontières de la France. Son influence est omniprésente, notamment dans l'œuvre d'Émile Nelligan, soucieux de donner à la littérature d'ici un vent de fraîcheur qui l'éloigne de la morale bien-pensante de cette fin de siècle.

Pour le lecteur contemporain, la poésie de Baudelaire étonne toujours par son impressionnante actualité. Ne sommes-nous pas les témoins privilégiés de la perspicacité de ce dandy bohème, nous qui savons les diverses incarnations qu'a empruntées le Mal dans le siècle qui a suivi la publication de ses œuvres ? Pouvons-nous nier la présence accablante de l'Ennui du monde moderne et la poésie essentielle que constitue pour nous le paysage urbain qu'il a si nouvellement représenté dans *Le Spleen de Paris* ?

À n'en pas douter, le lecteur contemporain croit entendre Baudelaire l'appeler lorsqu'il lit :

« — Hypocrite lecteur, — mon semblable, — mon frère ! »

PROJET DE FRONTISPICE RÉALISÉ PAR BRACQUEMOND
POUR *LES FLEURS DU MAL*.

LES
FLEURS DU MAL
DE
CHARLES BAUDELAIRE

Choix de poèmes

LES SATANIQUES. SATAN SEMANT L'IVRAIE (1882).
TABLEAU DE FÉLICIEN ROPS (1833-1898).

MUSÉE PROVINCIAL FÉLICIEN ROPS, NAMUR.

© Akg-images.

Au Lecteur

La sottise, l'erreur, le péché, la lésine[1],
Occupent nos esprits et travaillent nos corps,
Et nous alimentons nos aimables remords,
4 Comme les mendiants nourrissent leur vermine.

Nos péchés sont têtus, nos repentirs sont lâches ;
Nous nous faisons payer grassement nos aveux,
Et nous rentrons gaiement dans le chemin bourbeux,
8 Croyant par de vils pleurs laver toutes nos taches.

Sur l'oreiller du mal c'est Satan Trismégiste[2]
Qui berce longuement notre esprit enchanté,
Et le riche métal de notre volonté
12 Est tout vaporisé par ce savant chimiste.

C'est le Diable qui tient les fils qui nous remuent !
Aux objets répugnants nous trouvons des appas ;
Chaque jour vers l'Enfer nous descendons d'un pas,
16 Sans horreur, à travers des ténèbres qui puent.

Ainsi qu'un débauché pauvre qui baise et mange
Le sein martyrisé d'une antique catin,
Nous volons au passage un plaisir clandestin
20 Que nous pressons bien fort comme une vieille orange.

N.B. : Les cinq poèmes qui font l'objet d'une analyse approfondie sont indiqués
par une trame superposée au texte. Les mots suivis d'un astérisque (*) sont définis dans
le glossaire, à la page 242.

1. Lésine : avarice.
2. Trismégiste : signifie « trois fois grand » ; expression utilisée pour qualifier
   le dieu Hermès.

Serré, fourmillant, comme un million d'helminthes[1],
Dans nos cerveaux ribote[2] un peuple de Démons,
Et, quand nous respirons, la Mort dans nos poumons
24 Descend, fleuve invisible, avec de sourdes plaintes.

Si le viol, le poison, le poignard, l'incendie,
N'ont pas encore brodé de leurs plaisants dessins
Le canevas banal de nos piteux destins,
28 C'est que notre âme, hélas! n'est pas assez hardie.

Mais parmi les chacals, les panthères, les lices[3],
Les singes, les scorpions, les vautours, les serpents,
Les monstres glapissants, hurlants, grognants, rampants,
32 Dans la ménagerie infâme de nos vices,

Il en est un plus laid, plus méchant, plus immonde!
Quoiqu'il ne pousse ni grands gestes ni grands cris,
Il ferait volontiers de la terre un débris
36 Et dans un bâillement avalerait le monde;

C'est l'Ennui! — l'œil chargé d'un pleur involontaire,
Il rêve d'échafauds en fumant son houka[4].
Tu le connais, lecteur, ce monstre délicat,
40 — Hypocrite lecteur, — mon semblable, — mon frère!

---

1. Helminthes: vers de l'intestin.
2. Ribote: « faire ribote » veut dire faire des excès de table et de boisson.
3. Lices: femelles de chiens de chasse.
4. Houka: pipe indienne.

SPLEEN ET IDÉAL

II
L'ALBATROS

Souvent, pour s'amuser, les hommes d'équipage
Prennent des albatros, vastes oiseaux des mers,
Qui suivent, indolents compagnons de voyage,
4 Le navire glissant sur les gouffres amers.

À peine les ont-ils déposés sur les planches,
Que ces rois de l'azur, maladroits et honteux,
Laissent piteusement leurs grandes ailes blanches
8 Comme des avirons traîner à côté d'eux.

Ce voyageur ailé, comme il est gauche et veule!
Lui, naguère si beau, qu'il est comique et laid!
L'un agace son bec avec un brûle-gueulé,
12 L'autre mime, en boitant, l'infirme qui volait!

Le Poète est semblable au prince des nuées
Qui hante la tempête et se rit de l'archer;
Exilé sur le sol au milieu des huées,
16 Ses ailes de géant l'empêchent de marcher.

III
ÉLÉVATION

Au-dessus des étangs, au-dessus des vallées,
Des montagnes, des bois, des nuages, des mers,
Par-delà le soleil, par-delà les éthers,
4   Par-delà les confins des sphères étoilées,

Mon esprit, tu te meus avec agilité,
Et, comme un bon nageur qui se pâme dans l'onde,
Tu sillonnes gaiement l'immensité profonde
8   Avec une indicible et mâle volupté.

Envole-toi bien loin de ces miasmes morbides ;
Va te purifier dans l'air supérieur,
Et bois, comme une pure et divine liqueur,
12   Le feu clair qui remplit les espaces limpides.

Derrière les ennuis et les vastes chagrins
Qui chargent de leur poids l'existence brumeuse,
Heureux celui qui peut d'une aile vigoureuse
16   S'élancer vers les champs lumineux et sereins ;

Celui dont les pensers, comme des alouettes,
Vers les cieux le matin prennent un libre essor,
— Qui plane sur la vie, et comprend sans effort
20   Le langage des fleurs et des choses muettes !

IV
CORRESPONDANCES

La Nature est un temple où de vivants piliers
Laissent parfois sortir de confuses paroles ;
L'homme y passe à travers des forêts de symboles
4 Qui l'observent avec des regards familiers.

Comme de longs échos qui de loin se confondent
Dans une ténébreuse et profonde unité,
Vaste comme la nuit et comme la clarté,
8 Les parfums, les couleurs et les sons se répondent.

Il est des parfums frais comme des chairs d'enfants,
Doux comme les hautbois, verts comme les prairies,
11 — Et d'autres, corrompus, riches et triomphants,

Ayant l'expansion des choses infinies,
Comme l'ambre, le musc, le benjoin et l'encens,
14 Qui chantent les transports de l'esprit et des sens.

IX
LE MAUVAIS MOINE

Les cloîtres anciens sur leurs grandes murailles
Étalaient en tableaux la sainte Vérité,
Dont l'effet, réchauffant les pieuses entrailles,
4 Tempérait la froideur de leur austérité.

En ces temps où du Christ florissaient les semailles,
Plus d'un illustre moine, aujourd'hui peu cité,
Prenant pour atelier le champ des funérailles,
8 Glorifiait la Mort avec simplicité.

— Mon âme est un tombeau que, mauvais cénobite[1],
Depuis l'éternité je parcours et j'habite ;
11 Rien n'embellit les murs de ce cloître odieux.

Ô moine fainéant ! quand saurai-je donc faire
Du spectacle vivant de ma triste misère
14 Le travail de mes mains et l'amour de mes yeux ?

----

1. Cénobite : moine.

X
L'Ennemi

Ma jeunesse ne fut qu'un ténébreux orage,
Traversé çà et là par de brillants soleils ;
Le tonnerre et la pluie ont fait un tel ravage,
4 Qu'il reste en mon jardin bien peu de fruits vermeils.

Voilà que j'ai touché l'automne des idées,
Et qu'il faut employer la pelle et les râteaux
Pour rassembler à neuf les terres inondées,
8 Où l'eau creuse des trous grands comme des tombeaux.

Et qui sait si les fleurs nouvelles que je rêve
Trouveront dans ce sol lavé comme une grève
11 Le mystique aliment qui ferait leur vigueur ?

— Ô douleur ! ô douleur ! Le Temps mange la vie,
Et l'obscur Ennemi qui nous ronge le cœur
14 Du sang que nous perdons croît et se fortifie !

XI
LE GUIGNON[1]

Pour soulever un poids si lourd,
Sisyphe[2], il faudrait ton courage !
Bien qu'on ait du cœur à l'ouvrage,
4 L'Art est long et le Temps est court.

Loin des sépultures célèbres,
Vers un cimetière isolé,
Mon cœur, comme un tambour voilé,
8 Va battant des marches funèbres.

— Maint joyau dort enseveli
Dans les ténèbres et l'oubli,
11 Bien loin des pioches et des sondes ;

Mainte fleur épanche à regret
Son parfum doux comme un secret
14 Dans les solitudes profondes.

---

1. Guignon : mauvaise chance.
2. Sisyphe : personnage de la mythologie grecque condamné à rouler une roche
   au sommet d'une montagne. Parvenu au sommet, la roche retombe, et il doit
   recommencer éternellement.

XII
La Vie antérieure

J'ai longtemps habité sous de vastes portiques
Que les soleils marins teignaient de mille feux,
Et que leurs grands piliers, droits et majestueux,
4 Rendaient pareils, le soir, aux grottes basaltiques.

Les houles, en roulant les images des cieux,
Mêlaient d'une façon solennelle et mystique
Les tout-puissants accords de leur riche musique
8 Aux couleurs du couchant reflété par mes yeux.

C'est là que j'ai vécu dans les voluptés calmes,
Au milieu de l'azur, des vagues, des splendeurs
11 Et des esclaves nus, tout imprégnés d'odeurs,

Qui me rafraîchissaient le front avec des palmes,
Et dont l'unique soin était d'approfondir
14 Le secret douloureux qui me faisait languir.

XIV
L'Homme et la Mer

Homme libre, toujours tu chériras la mer !
La mer est ton miroir ; tu contemples ton âme
Dans le déroulement infini de sa lame,
4 Et ton esprit n'est pas un gouffre moins amer.

Tu te plais à plonger au sein de ton image ;
Tu l'embrasses des yeux et des bras, et ton cœur
Se distrait quelquefois de sa propre rumeur
8 Au bruit de cette plainte indomptable et sauvage.

Vous êtes tous les deux ténébreux et discrets :
Homme, nul n'a sondé le fond de tes abîmes ;
Ô mer, nul ne connaît tes richesses intimes,
12 Tant vous êtes jaloux de garder vos secrets !

Et cependant voilà des siècles innombrables
Que vous vous combattez sans pitié ni remord,
Tellement vous aimez le carnage et la mort,
16 Ô lutteurs éternels, ô frères implacables !

XVII
La Beauté

Je suis belle, ô mortels ! comme un rêve de pierre,
Et mon sein, où chacun s'est meurtri tour à tour,
Est fait pour inspirer au poète un amour
4 Éternel et muet ainsi que la matière.

Je trône dans l'azur comme un sphinx[1] incompris ;
J'unis un cœur de neige à la blancheur des cygnes ;
Je hais le mouvement qui déplace les lignes,
8 Et jamais je ne pleure et jamais je ne ris.

Les poètes, devant mes grandes attitudes,
Que j'ai l'air d'emprunter aux plus fiers monuments,
11 Consumeront leurs jours en d'austères études ;

Car j'ai, pour fasciner ces dociles amants,
De purs miroirs qui font toutes choses plus belles :
14 Mes yeux, mes larges yeux aux clartés éternelles !

---

1. Sphinx : créature ailée de la mythologie grecque formée d'un corps de lion avec une tête
et un buste de femme.

XIX
LA GÉANTE

Du temps que la Nature en sa verve puissante
Concevait chaque jour des enfants monstrueux,
J'eusse aimé vivre auprès d'une jeune géante,
4 Comme aux pieds d'une reine un chat voluptueux.

J'eusse aimé voir son corps fleurir avec son âme
Et grandir librement dans ses terribles jeux;
Deviner si son cœur couve une sombre flamme
8 Aux humides brouillards qui nagent dans ses yeux;

Parcourir à loisir ses magnifiques formes;
Ramper sur le versant de ses genoux énormes,
11 Et parfois en été, quand les soleils malsains,

Lasse, la font s'étendre à travers la campagne,
Dormir nonchalamment à l'ombre de ses seins,
14 Comme un hameau paisible au pied d'une montagne.

XXI
Hymne à la beauté

Viens-tu du ciel profond ou sors-tu de l'abîme,
Ô Beauté ? ton regard, infernal et divin,
Verse confusément le bienfait et le crime,
4 Et l'on peut pour cela te comparer au vin.

Tu contiens dans ton œil le couchant et l'aurore ;
Tu répands des parfums comme un soir orageux ;
Tes baisers sont un philtre et ta bouche une amphore
8 Qui font le héros lâche et l'enfant courageux.

Sors-tu du gouffre noir ou descends-tu des astres ?
Le Destin charmé suit tes jupons comme un chien ;
Tu sèmes au hasard la joie et les désastres,
12 Et tu gouvernes tout et ne réponds de rien.

Tu marches sur des morts, Beauté, dont tu te moques ;
De tes bijoux l'Horreur n'est pas le moins charmant,
Et le Meurtre, parmi tes plus chères breloques,
16 Sur ton ventre orgueilleux danse amoureusement.

L'éphémère ébloui vole vers toi, chandelle,
Crépite, flambe et dit : Bénissons ce flambeau !
L'amoureux pantelant incliné sur sa belle
20 A l'air d'un moribond caressant son tombeau.

Que tu viennes du ciel ou de l'enfer, qu'importe,
Ô Beauté ! monstre énorme, effrayant, ingénu !
Si ton œil, ton souris[1], ton pied, m'ouvrent la porte
24 D'un Infini que j'aime et n'ai jamais connu ?

---

1. Souris : sourire.

De Satan ou de Dieu, qu'importe? Ange ou Sirène,
Qu'importe, si tu rends, — fée aux yeux de velours,
Rythme, parfum, lueur, ô mon unique reine! —
28 L'univers moins hideux et les instants moins lourds?

ET L'OR DE LEURS CORPS (1901).
TABLEAU DE PAUL GAUGUIN (1848-1903).

MUSÉE D'ORSAY, PARIS.

XXII
Parfum exotique

Quand, les deux yeux fermés, en un soir chaud d'automne,
Je respire l'odeur de ton sein chaleureux,
Je vois se dérouler des rivages heureux
4 Qu'éblouissent les feux d'un soleil monotone;

Une île paresseuse où la nature donne
Des arbres singuliers et des fruits savoureux;
Des hommes dont le corps est mince et vigoureux,
8 Et des femmes dont l'œil par sa franchise étonne.

Guidé par ton odeur vers de charmants climats,
Je vois un port rempli de voiles et de mâts
11 Encor tout fatigués par la vague marine,

Pendant que le parfum des verts tamariniers,
Qui circule dans l'air et m'enfle la narine,
14 Se mêle dans mon âme au chant des mariniers.

XXIII
La Chevelure

Ô toison, moutonnant jusque sur l'encolure !
Ô boucles ! Ô parfum chargé de nonchaloir[1] !
Extase ! Pour peupler ce soir l'alcôve obscure
Des souvenirs dormant dans cette chevelure,
5 Je la veux agiter dans l'air comme un mouchoir !

La langoureuse Asie et la brûlante Afrique,
Tout un monde lointain, absent, presque défunt,
Vit dans tes profondeurs, forêt aromatique !
Comme d'autres esprits voguent sur la musique,
10 Le mien, ô mon amour ! nage sur ton parfum.

J'irai là-bas où l'arbre et l'homme, pleins de sève,
Se pâment longuement sous l'ardeur des climats ;
Fortes tresses, soyez la houle qui m'enlève !
Tu contiens, mer d'ébène, un éblouissant rêve
15 De voiles, de rameurs, de flammes et de mâts :

Un port retentissant où mon âme peut boire
À grands flots le parfum, le son et la couleur ;
Où les vaisseaux, glissant dans l'or et dans la moire,
Ouvrent leurs vastes bras pour embrasser la gloire
20 D'un ciel pur où frémit l'éternelle chaleur.

Je plongerai ma tête amoureuse d'ivresse
Dans ce noir océan où l'autre est enfermé ;
Et mon esprit subtil que le roulis caresse
Saura vous retrouver, ô féconde paresse,
25 Infinis bercements du loisir embaumé !

---

1. Nonchaloir : nonchalance.

Cheveux bleus, pavillon de ténèbres tendues,
Vous me rendez l'azur du ciel immense et rond ;
Sur les bords duvetés de vos mèches tordues
Je m'enivre ardemment des senteurs confondues
30 De l'huile de coco, du musc et du goudron.

Longtemps ! toujours ! ma main dans ta crinière lourde
Sèmera le rubis, la perle et le saphir,
Afin qu'à mon désir tu ne sois jamais sourde !
N'es-tu pas l'oasis où je rêve, et la gourde
35 Où je hume à longs traits le vin du souvenir ?

© Erich Lessing. Art Resource, NY.

FEMME À SA TOILETTE (1900-1905).
TABLEAU D'EDGAR DEGAS (1834-1917).

MAHMOUD KHALIL MUSEUM, LE CAIRE.

XXIV

Je t'adore à l'égal de la voûte nocturne,
Ô vase de tristesse, ô grande taciturne,
Et t'aime d'autant plus, belle, que tu me fuis,
Et que tu me parais, ornement de mes nuits,
5　Plus ironiquement accumuler les lieues
Qui séparent mes bras des immensités bleues.

Je m'avance à l'attaque, et je grimpe aux assauts,
Comme après un cadavre un chœur de vermisseaux,
Et je chéris, ô bête implacable et cruelle!
10　Jusqu'à cette froideur par où tu m'es plus belle!

XXV

Tu mettrais l'univers entier dans ta ruelle,
Femme impure ! L'ennui rend ton âme cruelle.
Pour exercer tes dents à ce jeu singulier,
Il te faut chaque jour un cœur au râtelier.
5 Tes yeux, illuminés ainsi que des boutiques
Et des ifs flamboyants dans les fêtes publiques,
Usent insolemment d'un pouvoir emprunté,
Sans connaître jamais la loi de leur beauté.

Machine aveugle et sourde, en cruautés féconde !
10 Salutaire instrument, buveur du sang du monde,
Comment n'as-tu pas honte et comment n'as-tu pas
Devant tous les miroirs vu pâlir tes appas ?
La grandeur de ce mal où tu te crois savante
Ne t'a donc jamais fait reculer d'épouvante,
15 Quand la nature, grande en ses desseins cachés,
De toi se sert, ô femme, ô reine des péchés,
— De toi, vil animal, — pour pétrir un génie ?

Ô fangeuse grandeur ! sublime ignominie !

XXVI
Sed non satiata[1]

Bizarre déité, brune comme les nuits,
Au parfum mélangé de musc et de havane,
Œuvre de quelque obi[2], le Faust de la savane,
4 Sorcière au flanc d'ébène, enfant des noirs minuits.

Je préfère au constance, à l'opium, au nuits[3],
L'élixir de ta bouche où l'amour se pavane ;
Quand vers toi mes désirs partent en caravane,
8 Tes yeux sont la citerne où boivent mes ennuis.

Par ces deux grands yeux noirs, soupiraux de ton âme,
Ô démon sans pitié ! verse-moi moins de flamme ;
11 Je ne suis pas le Styx[4] pour t'embrasser neuf fois,

Hélas ! et je ne puis, Mégère[5] libertine,
Pour briser ton courage et te mettre aux abois,
14 Dans l'enfer de ton lit devenir Proserpine[6] !

---

1. *Sed non satiata* : « mais elle n'est pas rassasiée ».
2. Obi : sorcier.
3. Nuits : allusion à Nuits-Saint-Georges, l'un des plus célèbres vignobles de Bourgogne.
4. Styx : dans la mythologie de l'Antiquité, fleuve qui coule dans les Enfers.
5. Mégère : dans la mythologie de l'Antiquité, la plus terrible des trois Furies.
6. Proserpine : dans la mythologie de l'Antiquité, déesse des Enfers. Elle a le pouvoir de mourir et de renaître.

XXVIII
LE SERPENT QUI DANSE

Que j'aime voir, chère indolente,
De ton corps si beau,
Comme une étoffe vacillante,
4   Miroiter la peau !

Sur ta chevelure profonde
Aux âcres parfums,
Mer odorante et vagabonde
8   Aux flots bleus et bruns,

Comme un navire qui s'éveille
Au vent du matin,
Mon âme rêveuse appareille
12   Pour un ciel lointain.

Tes yeux, où rien ne se révèle
De doux ni d'amer,
Sont deux bijoux froids où se mêle
16   L'or avec le fer.

À te voir marcher en cadence,
Belle d'abandon,
On dirait un serpent qui danse
20   Au bout d'un bâton.

Sous le fardeau de ta paresse
Ta tête d'enfant
Se balance avec la mollesse
24   D'un jeune éléphant,

Et ton corps se penche et s'allonge
          Comme un fin vaisseau
Qui roule bord sur bord et plonge
28   Ses vergues dans l'eau.

Comme un flot grossi par la fonte
          Des glaciers grondants,
Quand l'eau de ta bouche remonte
32   Au bord de tes dents,

Je crois boire un vin de Bohême,
          Amer et vainqueur,
Un ciel liquide qui parsème
36   D'étoiles mon cœur !

SALAMMBÔ,
LA SCÈNE DU SERPENT.
TABLEAU DE G. BUSSIÈRE.

XXIX
UNE CHAROGNE

Rappelez-vous l'objet que nous vîmes, mon âme,
     Ce beau matin d'été si doux :
Au détour d'un sentier une charogne infâme
4   Sur un lit semé de cailloux,

Les jambes en l'air, comme une femme lubrique,
     Brûlante et suant les poisons,
Ouvrait d'une façon nonchalante et cynique
8   Son ventre plein d'exhalaisons.

Le soleil rayonnait sur cette pourriture,
     Comme afin de la cuire à point,
Et de rendre au centuple à la grande Nature
12   Tout ce qu'ensemble elle avait joint ;

Et le ciel regardait la carcasse superbe
     Comme une fleur s'épanouir.
La puanteur était si forte, que sur l'herbe
16   Vous crûtes vous évanouir.

Les mouches bourdonnaient sur ce ventre putride,
     D'où sortaient de noirs bataillons
De larves, qui coulaient comme un épais liquide
20   Le long de ces vivants haillons.

Tout cela descendait, montait comme une vague,
     Ou s'élançait en pétillant ;
On eût dit que le corps, enflé d'un souffle vague,
24   Vivait en se multipliant.

Et ce monde rendait une étrange musique,
         Comme l'eau courante et le vent,
Ou le grain qu'un vanneur d'un mouvement rythmique
28   Agite et tourne dans son van.

Les formes s'effaçaient et n'étaient plus qu'un rêve,
         Une ébauche lente à venir,
Sur la toile oubliée, et que l'artiste achève
32   Seulement par le souvenir.

Derrière les rochers une chienne inquiète
         Nous regardait d'un œil fâché,
Épiant le moment de reprendre au squelette
36   Le morceau qu'elle avait lâché.

— Et pourtant vous serez semblable à cette ordure,
         À cette horrible infection,
Étoile de mes yeux, soleil de ma nature,
40   Vous, mon ange et ma passion!

Oui! telle vous serez, ô la reine des grâces,
         Après les derniers sacrements,
Quand vous irez, sous l'herbe et les floraisons grasses,
44   Moisir parmi les ossements.

Alors, ô ma beauté! dites à la vermine
         Qui vous mangera de baisers,
Que j'ai gardé la forme et l'essence divine
48   De mes amours décomposés!

XXXI
Le Vampire

Toi qui, comme un coup de couteau,
Dans mon cœur plaintif es entrée ;
Toi qui, forte comme un troupeau
4 De démons, vins, folle et parée,

De mon esprit humilié
Faire ton lit et ton domaine ;
— Infâme à qui je suis lié
8 Comme le forçat à la chaîne,

Comme au jeu le joueur têtu,
Comme à la bouteille l'ivrogne,
Comme aux vermines la charogne,
12 — Maudite, maudite sois-tu !

J'ai prié le glaive rapide
De conquérir ma liberté,
Et j'ai dit au poison perfide
16 De secourir ma lâcheté.

Hélas ! le poison et le glaive
M'ont pris en dédain et m'ont dit :
« Tu n'es pas digne qu'on t'enlève
20 À ton esclavage maudit,

« Imbécile ! — de son empire
Si nos efforts te délivraient,
Tes baisers ressusciteraient
24 Le cadavre de ton vampire ! »

XXXIII
REMORDS POSTHUME

Lorsque tu dormiras, ma belle ténébreuse,
Au fond d'un monument[1] construit en marbre noir,
Et lorsque tu n'auras pour alcôve et manoir
4 Qu'un caveau pluvieux et qu'une fosse creuse ;

Quand la pierre, opprimant ta poitrine peureuse
Et tes flancs qu'assouplit un charmant nonchaloir*,
Empêchera ton cœur de battre et de vouloir,
8 Et tes pieds de courir leur course aventureuse,

Le tombeau, confident de mon rêve infini
(Car le tombeau toujours comprendra le poète),
11 Durant ces grandes nuits d'où le somme est banni,

Te dira : « Que vous sert, courtisane imparfaite,
De n'avoir pas connu ce que pleurent les morts ? »
14 — Et le ver rongera ta peau comme un remords.

---

1. Monument : tombeau.

XXXIV
Le Chat

Viens, mon beau chat, sur mon cœur amoureux ;
      Retiens les griffes de ta patte,
Et laisse-moi plonger dans tes beaux yeux,
4   Mêlés de métal et d'agate.

Lorsque mes doigts caressent à loisir
      Ta tête et ton dos élastique,
Et que ma main s'enivre du plaisir
8   De palper ton corps électrique,

Je vois ma femme en esprit. Son regard,
      Comme le tien, aimable bête,
11 Profond et froid, coupe et fend comme un dard,

      Et, des pieds jusques à la tête,
Un air subtil, un dangereux parfum
14   Nagent autour de son corps brun.

XXXV
DUELLUM[1]

Deux guerriers ont couru l'un sur l'autre ; leurs armes
Ont éclaboussé l'air de lueurs et de sang.
Ces jeux, ces cliquetis du fer sont les vacarmes
4 D'une jeunesse en proie à l'amour vagissant.

Les glaives sont brisés ! comme notre jeunesse,
Ma chère ! Mais les dents, les ongles acérés,
Vengent bientôt l'épée et la dague traîtresse.
8 Ô fureur des cœurs mûrs par l'amour ulcérés !

Dans le ravin hanté des chats-pards et des onces
Nos héros, s'étreignant méchamment, ont roulé,
11 Et leur peau fleurira l'aridité des ronces.

— Ce gouffre, c'est l'enfer, de nos amis peuplé !
Roulons-y sans remords, amazone inhumaine,
14 Afin d'éterniser l'ardeur de notre haine !

---

1. *Duellum* : comme le mot *bellum,* ce mot désigne la guerre.

XXXVI
LE BALCON

Mère des souvenirs, maîtresse des maîtresses,
Ô toi, tous mes plaisirs ! ô toi, tous mes devoirs !
Tu te rappelleras la beauté des caresses,
La douceur du foyer et le charme des soirs,
5 Mère des souvenirs, maîtresse des maîtresses !

Les soirs illuminés par l'ardeur du charbon,
Et les soirs au balcon, voilés de vapeurs roses.
Que ton sein m'était doux ! que ton cœur m'était bon !
Nous avons dit souvent d'impérissables choses
10 Les soirs illuminés par l'ardeur du charbon.

Que les soleils sont beaux dans les chaudes soirées !
Que l'espace est profond ! que le cœur est puissant !
En me penchant vers toi, reine des adorées,
Je croyais respirer le parfum de ton sang.
15 Que les soleils sont beaux dans les chaudes soirées !

La nuit s'épaississait ainsi qu'une cloison,
Et mes yeux dans le noir devinaient tes prunelles,
Et je buvais ton souffle, ô douceur ! ô poison !
Et tes pieds s'endormaient dans mes mains fraternelles.
20 La nuit s'épaississait ainsi qu'une cloison.

Je sais l'art d'évoquer les minutes heureuses,
Et revis mon passé blotti dans tes genoux.
Car à quoi bon chercher tes beautés langoureuses
Ailleurs qu'en ton cher corps et qu'en ton cœur si doux ?
25 Je sais l'art d'évoquer les minutes heureuses !

Ces serments, ces parfums, ces baisers infinis,
Renaîtront-ils d'un gouffre interdit à nos sondes,
Comme montent au ciel les soleils rajeunis
Après s'être lavés au fond des mers profondes ?
30 — Ô serments ! ô parfums ! ô baisers infinis !

ILLUSTRATION D'AUGUSTE RODIN (1840-1917)
POUR *LA BEAUTÉ*.
(VOIR LE POÈME À LA PAGE 19.)

MUSÉE RODIN.

XXXIX

Je te donne ces vers afin que si mon nom
Aborde heureusement aux époques lointaines,
Et fait rêver un soir les cervelles humaines,
4 Vaisseau favorisé par un grand aquilon,

Ta mémoire, pareille aux fables incertaines,
Fatigue le lecteur ainsi qu'un tympanon[1],
Et par un fraternel et mystique chaînon
8 Reste comme pendue à mes rimes hautaines[2] ;

Être maudit à qui, de l'abîme profond
Jusqu'au plus haut du ciel, rien, hors moi, ne répond !
11 — Ô toi qui, comme une ombre à la trace éphémère,

Foules d'un pied léger et d'un regard serein
Les stupides mortels qui t'ont jugée amère,
14 Statue aux yeux de jais, grand ange au front d'airain !

---

1. Tympanon : selon Littré, « instrument de musique monté avec des cordes de laiton, et qu'on touche avec deux petites baguettes de bois ».
2. Hautaines : de haut style.

XL
SEMPER EADEM[1]

« D'où vous vient, disiez-vous, cette tristesse étrange,
Montant comme la mer sur le roc noir et nu ? »
— Quand notre cœur a fait une fois sa vendange,
4 Vivre est un mal. C'est un secret de tous connu,

Une douleur très simple et non mystérieuse,
Et, comme votre joie, éclatante pour tous.
Cessez donc de chercher, ô belle curieuse !
8 Et, bien que votre voix soit douce, taisez-vous !

Taisez-vous, ignorante ! âme toujours ravie !
Bouche au rire enfantin ! Plus encor que la Vie,
11 La Mort nous tient souvent par des liens subtils.

Laissez, laissez mon cœur s'enivrer d'un *mensonge*,
Plonger dans vos beaux yeux comme dans un beau songe,
14 Et sommeiller longtemps à l'ombre de vos cils !

---

1. *Semper eadem* : « toujours de la même façon ».

XLI
TOUT ENTIÈRE

Le Démon, dans ma chambre haute,
Ce matin est venu me voir,
Et, tâchant à me prendre en faute,
4 Me dit : « Je voudrais bien savoir,

« Parmi toutes les belles choses
Dont est fait son enchantement,
Parmi les objets noirs ou roses
8 Qui composent son corps charmant,

« Quel est le plus doux. » — Ô mon âme !
Tu répondis à l'Abhorré :
« Puisqu'en Elle tout est dictame[1],
12 Rien ne peut être préféré.

« Lorsque tout me ravit, j'ignore
Si quelque chose me séduit.
Elle éblouit comme l'Aurore
16 Et console comme la Nuit ;

« Et l'harmonie est trop exquise,
Qui gouverne tout son beau corps,
Pour que l'impuissante analyse
20 En note les nombreux accords.

« Ô métamorphose mystique
De tous mes sens fondus en un !
Son haleine fait la musique,
24 Comme sa voix fait le parfum ! »

---

1. Dictame : baume aromatique.

XLII

Que diras-tu ce soir, pauvre âme solitaire,
Que diras-tu, mon cœur, cœur autrefois flétri,
À la très belle, à la très bonne, à la très chère,
4 Dont le regard divin t'a soudain refleuri?

— Nous mettrons notre orgueil à chanter ses louanges:
Rien ne vaut la douceur de son autorité;
Sa chair spirituelle a le parfum des Anges,
8 Et son œil nous revêt d'un habit de clarté.

Que ce soit dans la nuit et dans la solitude,
Que ce soit dans la rue et dans la multitude,
11 Son fantôme dans l'air danse comme un flambeau.

Parfois il parle et dit: « Je suis belle, et j'ordonne
Que pour l'amour de moi vous n'aimiez que le Beau;
14 Je suis l'Ange gardien, la Muse et la Madone. »

XLIII
Le Flambeau vivant

Ils marchent devant moi, ces Yeux pleins de lumières,
Qu'un Ange très savant a sans doute aimantés ;
Ils marchent, ces divins frères qui sont mes frères,
4 Secouant dans mes yeux leurs feux diamantés.

Me sauvant de tout piège et de tout péché grave,
Ils conduisent mes pas dans la route du Beau ;
Ils sont mes serviteurs et je suis leur esclave ;
8 Tout mon être obéit à ce vivant flambeau.

Charmants Yeux, vous brillez de la clarté mystique
Qu'ont les cierges brûlant en plein jour ; le soleil
11 Rougit, mais n'éteint pas leur flamme fantastique ;

Ils célèbrent la Mort, vous chantez le Réveil ;
Vous marchez en chantant le réveil de mon âme,
14 Astres dont nul soleil ne peut flétrir la flamme !

XLIV
Réversibilité

Ange plein de gaieté, connaissez-vous l'angoisse,
La honte, les remords, les sanglots, les ennuis,
Et les vagues terreurs de ces affreuses nuits
Qui compriment le cœur comme un papier qu'on froisse ?
5   Ange plein de gaieté, connaissez-vous l'angoisse ?

Ange plein de bonté, connaissez-vous la haine,
Les poings crispés dans l'ombre et les larmes de fiel,
Quand la Vengeance bat son infernal rappel,
Et de nos facultés se fait le capitaine ?
10   Ange plein de bonté, connaissez-vous la haine ?

Ange plein de santé, connaissez-vous les Fièvres,
Qui, le long des grands murs de l'hospice blafard,
Comme des exilés, s'en vont d'un pied traînard,
Cherchant le soleil rare et remuant les lèvres ?
15   Ange plein de santé, connaissez-vous les Fièvres ?

Ange plein de beauté, connaissez-vous les rides,
Et la peur de vieillir, et ce hideux tourment
De lire la secrète horreur du dévouement
Dans des yeux où longtemps burent nos yeux avides ?
20   Ange plein de beauté, connaissez-vous les rides ?

Ange plein de bonheur, de joie et de lumières,
David mourant aurait demandé la santé
Aux émanations de ton corps enchanté ;
Mais de toi je n'implore, ange, que tes prières,
25   Ange plein de bonheur, de joie et de lumières !

XLV
Confession

Une fois, une seule, aimable et douce femme,
À mon bras votre bras poli
S'appuya (sur le fond ténébreux de mon âme
4   Ce souvenir n'est point pâli);

Il était tard; ainsi qu'une médaille neuve
La pleine lune s'étalait,
Et la solennité de la nuit, comme un fleuve,
8   Sur Paris dormant ruisselait.

Et le long des maisons, sous les portes cochères,
Des chats passaient furtivement,
L'oreille au guet, ou bien, comme des ombres chères,
12   Nous accompagnaient lentement.

Tout à coup, au milieu de l'intimité libre
Éclose à la pâle clarté,
De vous, riche et sonore instrument où ne vibre
16   Que la radieuse gaieté,

De vous, claire et joyeuse ainsi qu'une fanfare
Dans le matin étincelant,
Une note plaintive, une note bizarre
20   S'échappa, tout en chancelant

Comme une enfant chétive, horrible, sombre, immonde,
Dont sa famille rougirait,
Et qu'elle aurait longtemps, pour la cacher au monde,
24   Dans un caveau mise au secret.

Pauvre ange, elle chantait, votre note criarde :
      « Que rien ici-bas n'est certain,
Et que toujours, avec quelque soin qu'il se farde,
28   Se trahit l'égoïsme humain ;

  « Que c'est un dur métier que d'être belle femme,
      Et que c'est le travail banal
De la danseuse folle et froide qui se pâme
32   Dans un sourire machinal ;

  « Que bâtir sur les cœurs est une chose sotte ;
      Que tout craque, amour et beauté,
Jusqu'à ce que l'Oubli les jette dans sa hotte
36   Pour les rendre à l'Éternité ! »

J'ai souvent évoqué cette lune enchantée,
      Ce silence et cette langueur,
Et cette confidence horrible chuchotée
40   Au confessionnal du cœur.

XLVI
L'Aube spirituelle

Quand chez les débauchés l'aube blanche et vermeille
Entre en société de l'Idéal rongeur,
Par l'opération d'un mystère vengeur
4 Dans la brute assoupie un ange se réveille.

Des Cieux Spirituels l'inaccessible azur,
Pour l'homme terrassé qui rêve encore et souffre,
S'ouvre et s'enfonce avec l'attirance du gouffre.
8 Ainsi, chère Déesse, Être lucide et pur,

Sur les débris fumeux des stupides orgies
Ton souvenir plus clair, plus rose, plus charmant,
11 À mes yeux agrandis voltige incessamment.

Le soleil a noirci la flamme des bougies ;
Ainsi, toujours vainqueur, ton fantôme est pareil,
14 Âme resplendissante, à l'immortel soleil !

XLVII
HARMONIE DU SOIR

Voici venir les temps où vibrant sur sa tige
Chaque fleur s'évapore ainsi qu'un encensoir ;
Les sons et les parfums tournent dans l'air du soir ;
4 Valse mélancolique et langoureux vertige !

Chaque fleur s'évapore ainsi qu'un encensoir ;
Le violon frémit comme un cœur qu'on afflige ;
Valse mélancolique et langoureux vertige !
8 Le ciel est triste et beau comme un grand reposoir[1].

Le violon frémit comme un cœur qu'on afflige,
Un cœur tendre, qui hait le néant vaste et noir !
Le ciel est triste et beau comme un grand reposoir ;
12 Le soleil s'est noyé dans son sang qui se fige.

Un cœur tendre, qui hait le néant vaste et noir,
Du passé lumineux recueille tout vestige !
Le soleil s'est noyé dans son sang qui se fige…
16 Ton souvenir en moi luit comme un ostensoir !

---

1. Reposoir : autel élevé dans les rues lors de la procession de la Fête-Dieu afin d'y faire reposer
le saint-sacrement.

XLVIII
LE FLACON

Il est de forts parfums pour qui toute matière
Est poreuse. On dirait qu'ils pénètrent le verre.
En ouvrant un coffret venu de l'Orient
4 Dont la serrure grince et rechigne en criant,

Ou dans une maison déserte quelque armoire
Pleine de l'âcre odeur des temps, poudreuse et noire,
Parfois on trouve un vieux flacon qui se souvient,
8 D'où jaillit toute vive une âme qui revient.

Mille pensers dormaient, chrysalides funèbres,
Frémissant doucement dans les lourdes ténèbres,
Qui dégagent leur aile et prennent leur essor,
12 Teintés d'azur, glacés de rose, lamés d'or.

Voilà le souvenir enivrant qui voltige
Dans l'air troublé ; les yeux se ferment ; le Vertige
Saisit l'âme vaincue et la pousse à deux mains
16 Vers un gouffre obscurci de miasmes humains ;

Il la terrasse au bord d'un gouffre séculaire,
Où, Lazare odorant déchirant son suaire,
Se meut dans son réveil le cadavre spectral
20 D'un vieil amour ranci, charmant et sépulcral.

Ainsi, quand je serai perdu dans la mémoire
Des hommes, dans le coin d'une sinistre armoire
Quand on m'aura jeté, vieux flacon désolé,
24 Décrépit, poudreux, sale, abject, visqueux, fêlé,

Je serai ton cercueil, aimable pestilence !
Le témoin de ta force et de ta virulence,
Cher poison préparé par les anges ! liqueur
28 Qui me ronge, ô la vie et la mort de mon cœur !

ILLUSTRATION D'ODILON REDON (1840-1916)
POUR LES FLEURS DU MAL.

XLIX
LE POISON

Le vin sait revêtir le plus sordide bouge
      D'un luxe miraculeux,
Et fait surgir plus d'un portique fabuleux
      Dans l'or de sa vapeur rouge,
5 Comme un soleil couchant dans un ciel nébuleux.

L'opium agrandit ce qui n'a pas de bornes,
      Allonge l'illimité,
Approfondit le temps, creuse la volupté,
      Et de plaisirs noirs et mornes
10 Remplit l'âme au-delà de sa capacité.

Tout cela ne vaut pas le poison qui découle
      De tes yeux, de tes yeux verts,
Lacs où mon âme tremble et se voit à l'envers…
      Mes songes viennent en foule
15 Pour se désaltérer à ces gouffres amers.

Tout cela ne vaut pas le terrible prodige
      De ta salive qui mord,
Qui plonge dans l'oubli mon âme sans remords,
      Et, charriant le vertige,
20 La roule défaillante aux rives de la mort !

L
CIEL BROUILLÉ

On dirait ton regard d'une vapeur couvert ;
Ton œil mystérieux (est-il bleu, gris ou vert ?)
Alternativement tendre, rêveur, cruel,
4 Réfléchit l'indolence et la pâleur du ciel.

Tu rappelles ces jours blancs, tièdes et voilés,
Qui font se fondre en pleurs les cœurs ensorcelés,
Quand, agités d'un mal inconnu qui les tord,
8 Les nerfs trop éveillés raillent l'esprit qui dort.

Tu ressembles parfois à ces beaux horizons
Qu'allument les soleils des brumeuses saisons…
Comme tu resplendis, paysage mouillé
12 Qu'enflamment les rayons tombant d'un ciel brouillé !

Ô femme dangereuse, ô séduisants climats !
Adorerai-je aussi ta neige et vos frimas,
Et saurai-je tirer de l'implacable hiver
16 Des plaisirs plus aigus que la glace et le fer ?

LII
Le Beau Navire

Je veux te raconter, ô molle enchanteresse !
Les diverses beautés qui parent ta jeunesse ;
     Je veux te peindre ta beauté,
4 Où l'enfance s'allie à la maturité.

Quand tu vas balayant l'air de ta jupe large,
Tu fais l'effet d'un beau vaisseau qui prend le large,
     Chargé de toile, et va roulant
8 Suivant un rythme doux, et paresseux, et lent.

Sur ton cou large et rond, sur tes épaules grasses,
Ta tête se pavane avec d'étranges grâces ;
     D'un air placide et triomphant
12 Tu passes ton chemin, majestueuse enfant.

Je veux te raconter, ô molle enchanteresse !
Les diverses beautés qui parent ta jeunesse ;
     Je veux te peindre ta beauté,
16 Où l'enfance s'allie à la maturité.

Ta gorge qui s'avance et qui pousse la moire,
Ta gorge triomphante est une belle armoire
     Dont les panneaux bombés et clairs
20 Comme les boucliers accrochent des éclairs ;

Boucliers provocants, armés de pointes roses !
Armoire à doux secrets, pleine de bonnes choses,
     De vins, de parfums, de liqueurs
24 Qui feraient délirer les cerveaux et les cœurs !

Quand tu vas balayant l'air de ta jupe large,
Tu fais l'effet d'un beau vaisseau qui prend le large,
       Chargé de toile, et va roulant
28 Suivant un rythme doux, et paresseux, et lent.

Tes nobles jambes, sous les volants qu'elles chassent,
Tourmentent les désirs obscurs et les agacent,
       Comme deux sorcières qui font
32 Tourner un philtre noir dans un vase profond.

Tes bras, qui se joueraient des précoces hercules[1],
Sont des boas luisants les solides émules,
       Faits pour serrer obstinément,
36 Comme pour l'imprimer dans ton cœur, ton amant.

Sur ton cou large et rond, sur tes épaules grasses,
Ta tête se pavane avec d'étranges grâces;
       D'un air placide et triomphant
40 Tu passes ton chemin, majestueuse enfant.

---

1. Hercules: allusion à Héra, à la fois sœur et femme de Zeus, qui voulut faire étouffer Hercule dans son berceau par deux serpents.

LIII
L'INVITATION AU VOYAGE

Mon enfant, ma sœur,
Songe à la douceur
D'aller là-bas vivre ensemble !
Aimer à loisir,
Aimer et mourir
6 Au pays qui te ressemble !
Les soleils mouillés
De ces ciels brouillés
Pour mon esprit ont les charmes
Si mystérieux
De tes traîtres yeux,
12 Brillant à travers leurs larmes.

Là, tout n'est qu'ordre et beauté,
Luxe, calme et volupté.

15 Des meubles luisants,
Polis par les ans,
Décoreraient notre chambre ;
Les plus rares fleurs
Mêlant leurs odeurs
20 Aux vagues senteurs de l'ambre,
Les riches plafonds,
Les miroirs profonds,
La splendeur orientale,
Tout y parlerait
À l'âme en secret
26 Sa douce langue natale.

Là, tout n'est qu'ordre et beauté,
Luxe, calme et volupté.

29   Vois sur ces canaux
      Dormir ces vaisseaux
Dont l'humeur est vagabonde ;
      C'est pour assouvir
      Ton moindre désir
34 Qu'ils viennent du bout du monde.
      — Les soleils couchants
      Revêtent les champs,
Les canaux, la ville entière,
      D'hyacinthe et d'or ;
      Le monde s'endort
40 Dans une chaude lumière.

Là, tout n'est qu'ordre et beauté,
Luxe, calme et volupté.

La Volupté.
LITHOGRAPHIE PAR AUBRY-LECOMTE
D'APRÈS PRUD'HON (1827).

LVI
CHANT D'AUTOMNE

I

Bientôt nous plongerons dans les froides ténèbres ;
Adieu, vive clarté de nos étés trop courts !
J'entends déjà tomber avec des chocs funèbres
4 Le bois retentissant sur le pavé des cours.

Tout l'hiver va rentrer dans mon être : colère,
Haine, frissons, horreur, labeur dur et forcé,
Et, comme le soleil dans son enfer polaire,
8 Mon cœur ne sera plus qu'un bloc rouge et glacé.

J'écoute en frémissant chaque bûche qui tombe ;
L'échafaud qu'on bâtit n'a pas d'écho plus sourd.
Mon esprit est pareil à la tour qui succombe
12 Sous les coups du bélier infatigable et lourd.

Il me semble, bercé par ce choc monotone,
Qu'on cloue en grande hâte un cercueil quelque part.
Pour qui ? — C'était hier l'été ; voici l'automne !
16 Ce bruit mystérieux sonne comme un départ.

II

J'aime de vos longs yeux la lumière verdâtre,
Douce beauté, mais tout aujourd'hui m'est amer,
Et rien, ni votre amour, ni le boudoir, ni l'âtre,
20 Ne me vaut le soleil rayonnant sur la mer.

Et pourtant aimez-moi, tendre cœur ! soyez mère,
Même pour un ingrat, même pour un méchant ;
Amante ou sœur, soyez la douceur éphémère
24 D'un glorieux automne ou d'un soleil couchant.

Courte tâche ! La tombe attend ; elle est avide !
Ah ! laissez-moi, mon front posé sur vos genoux,
Goûter, en regrettant l'été blanc et torride,
28 De l'arrière-saison le rayon jaune et doux !

© Fondation Corbound. Akg-images.

CHÊNE DANS LA NEIGE (1827).
TABLEAU DE CASPAR DAVID FRIEDRICH (1774-1840).

WALLRAF RICHARTZ MUSEUM.

LVII
À UNE MADONE
EX-VOTO DANS LE GOÛT ESPAGNOL

Je veux bâtir pour toi, Madone, ma maîtresse,
Un autel souterrain au fond de ma détresse,
Et creuser dans le coin le plus noir de mon cœur,
Loin du désir mondain et du regard moqueur,
5 Une niche, d'azur et d'or tout émaillée,
Où tu te dresseras, Statue émerveillée.
Avec mes Vers polis, treillis d'un pur métal
Savamment constellé de rimes de cristal,
Je ferai pour ta tête une énorme Couronne ;
10 Et dans ma Jalousie, ô mortelle Madone,
Je saurai te tailler un Manteau, de façon
Barbare, roide et lourd, et doublé de soupçon,
Qui, comme une guérite, enfermera tes charmes ;
Non de Perles brodé, mais de toutes mes Larmes !
15 Ta Robe, ce sera mon Désir, frémissant,
Onduleux, mon Désir qui monte et qui descend,
Aux pointes se balance, aux vallons se repose,
Et revêt d'un baiser tout ton corps blanc et rose.
Je te ferai de mon Respect de beaux Souliers
20 De satin, par tes pieds divins humiliés,
Qui, les emprisonnant dans une molle étreinte,
Comme un moule fidèle en garderont l'empreinte.
Si je ne puis, malgré tout mon art diligent,
Pour Marchepied tailler une Lune d'argent,
25 Je mettrai le Serpent qui me mord les entrailles
Sous tes talons, afin que tu foules et railles,
Reine victorieuse et féconde en rachats,
Ce monstre tout gonflé de haine et de crachats.
Tu verras mes Pensers, rangés comme les Cierges
30 Devant l'autel fleuri de la Reine des Vierges,

Étoilant de reflets le plafond peint en bleu,
Te regarder toujours avec des yeux de feu ;
Et comme tout en moi te chérit et t'admire,
Tout se fera Benjoin, Encens, Oliban, Myrrhe,
35 Et sans cesse vers toi, sommet blanc et neigeux,
En Vapeurs montera mon Esprit orageux.

Enfin, pour compléter ton rôle de Marie,
Et pour mêler l'amour avec la barbarie,
Volupté noire ! des sept Péchés capitaux,
40 Bourreau plein de remords, je ferai sept Couteaux
Bien affilés, et, comme un jongleur insensible,
Prenant le plus profond de ton amour pour cible,
Je les planterai tous dans ton Cœur pantelant,
Dans ton Cœur sanglotant, dans ton Cœur ruisselant !

LXV
TRISTESSES DE LA LUNE

Ce soir, la lune rêve avec plus de paresse ;
Ainsi qu'une beauté, sur de nombreux coussins,
Qui d'une main distraite et légère caresse
4 Avant de s'endormir le contour de ses seins,

Sur le dos satiné des molles avalanches,
Mourante, elle se livre aux longues pâmoisons,
Et promène ses yeux sur les visions blanches
8 Qui montent dans l'azur comme des floraisons.

Quand parfois sur ce globe, en sa langueur oisive,
Elle laisse filer une larme furtive,
11 Un poète pieux, ennemi du sommeil,

Dans le creux de sa main prend cette larme pâle,
Aux reflets irisés comme un fragment d'opale,
14 Et la met dans son cœur loin des yeux du soleil.

LXVI
LES CHATS

Les amoureux fervents et les savants austères
Aiment également, dans leur mûre saison,
Les chats puissants et doux, orgueil de la maison,
4 Qui comme eux sont frileux et comme eux sédentaires.

Amis de la science et de la volupté,
Ils cherchent le silence et l'horreur des ténèbres ;
L'Érèbe[1] les eût pris pour ses coursiers funèbres,
8 S'ils pouvaient au servage incliner leur fierté.

Ils prennent en songeant les nobles attitudes
Des grands sphinx* allongés au fond des solitudes,
11 Qui semblent s'endormir dans un rêve sans fin ;

Leurs reins féconds sont pleins d'étincelles magiques,
Et des parcelles d'or, ainsi qu'un sable fin,
14 Étoilent vaguement leurs prunelles mystiques.

---

1. Érèbe : fils de Chaos, frère de la Nuit et père du Styx et des Parques. Il est l'abîme insondable.

LXVIII
La Pipe

Je suis la pipe d'un auteur ;
On voit, à contempler ma mine
D'Abyssinienne ou de Cafrine[1],
4 Que mon maître est un grand fumeur.

Quand il est comblé de douleur,
Je fume comme la chaumine
Où se prépare la cuisine
8 Pour le retour du laboureur.

J'enlace et je berce son âme
Dans le réseau mobile et bleu
11 Qui monte de ma bouche en feu,

Et je roule un puissant dictame*
Qui charme son cœur et guérit
14 De ses fatigues son esprit.

---

1. Cafrine : tribu africaine.

LXIX
La Musique

La musique souvent me prend comme une mer !
        Vers ma pâle étoile,
Sous un plafond de brume ou dans un vaste éther,
4   Je mets à la voile ;

La poitrine en avant et les poumons gonflés
        Comme de la toile,
J'escalade le dos des flots amoncelés
8   Que la nuit me voile ;

Je sens vibrer en moi toutes les passions
        D'un vaisseau qui souffre ;
11 Le bon vent, la tempête et ses convulsions

        Sur l'immense gouffre
Me bercent. D'autres fois, calme plat, grand miroir
14   De mon désespoir !

LXX
SÉPULTURE

Si par une nuit lourde et sombre
Un bon chrétien, par charité,
Derrière quelque vieux décombre
4 Enterre votre corps vanté,

À l'heure où les chastes étoiles
Ferment leurs yeux appesantis,
L'araignée y fera ses toiles,
8 Et la vipère ses petits ;

Vous entendrez toute l'année
Sur votre tête condamnée
11 Les cris lamentables des loups

Et des sorcières faméliques,
Les ébats des vieillards lubriques
14 Et les complots des noirs filous.

LXXII
Le Mort joyeux

Dans une terre grasse et pleine d'escargots
Je veux creuser moi-même une fosse profonde,
Où je puisse à loisir étaler mes vieux os
4 Et dormir dans l'oubli comme un requin dans l'onde.

Je hais les testaments et je hais les tombeaux ;
Plutôt que d'implorer une larme du monde,
Vivant, j'aimerais mieux inviter les corbeaux
8 À saigner tous les bouts de ma carcasse immonde.

Ô vers ! noirs compagnons sans oreille et sans yeux,
Voyez venir à vous un mort libre et joyeux ;
11 Philosophes viveurs, fils de la pourriture,

À travers ma ruine allez donc sans remords,
Et dites-moi s'il est encor quelque torture
14 Pour ce vieux corps sans âme et mort parmi les morts !

LXXIV
LA CLOCHE FÊLÉE

Il est amer et doux, pendant les nuits d'hiver,
D'écouter, près du feu qui palpite et qui fume,
Les souvenirs lointains lentement s'élever
4 Au bruit des carillons qui chantent dans la brume.

Bienheureuse la cloche au gosier vigoureux
Qui, malgré sa vieillesse, alerte et bien portante,
Jette fidèlement son cri religieux,
8 Ainsi qu'un vieux soldat qui veille sous la tente !

Moi, mon âme est fêlée, et lorsqu'en ses ennuis
Elle veut de ses chants peupler l'air froid des nuits,
11 Il arrive souvent que sa voix affaiblie

Semble le râle épais d'un blessé qu'on oublie
Au bord d'un lac de sang, sous un grand tas de morts,
14 Et qui meurt, sans bouger, dans d'immenses efforts.

LXXVI
SPLEEN

J'ai plus de souvenirs que si j'avais mille ans.

Un gros meuble à tiroirs encombré de bilans,
De vers, de billets doux, de procès, de romances,
Avec de lourds cheveux roulés dans des quittances,
5 Cache moins de secrets que mon triste cerveau.
C'est une pyramide, un immense caveau,
Qui contient plus de morts que la fosse commune.
— Je suis un cimetière abhorré de la lune,
Où comme des remords se traînent de longs vers
10 Qui s'acharnent toujours sur mes morts les plus chers.
Je suis un vieux boudoir plein de roses fanées,
Où gît tout un fouillis de modes surannées,
Où les pastels plaintifs et les pâles Boucher[1],
Seuls, respirent l'odeur d'un flacon débouché.

15 Rien n'égale en longueur les boiteuses journées,
Quand sous les lourds flocons des neigeuses années
L'ennui, fruit de la morne incuriosité,
Prend les proportions de l'immortalité.
— Désormais tu n'es plus, ô matière vivante!
20 Qu'un granit entouré d'une vague épouvante,
Assoupi dans le fond d'un Sahara brumeux;
Un vieux sphinx* ignoré du monde insoucieux,
Oublié sur la carte, et dont l'humeur farouche
Ne chante qu'aux rayons du soleil qui se couche[2].

---

1. Boucher, François (1703-1770): peintre, dessinateur, graveur et décorateur français.
2. En vérité, la statue de Memnon chante au lever du soleil et non le Sphinx au coucher du soleil.

LXXVIII
SPLEEN

Quand le ciel bas et lourd pèse comme un couvercle
Sur l'esprit gémissant en proie aux longs ennuis,
Et que de l'horizon embrassant tout le cercle
4 Il nous verse un jour noir plus triste que les nuits;

Quand la terre est changée en un cachot humide,
Où l'Espérance, comme une chauve-souris,
S'en va battant les murs de son aile timide
8 Et se cognant la tête à des plafonds pourris;

Quand la pluie étalant ses immenses traînées
D'une vaste prison imite les barreaux,
Et qu'un peuple muet d'infâmes araignées
12 Vient tendre ses filets au fond de nos cerveaux,

Des cloches tout à coup sautent avec furie
Et lancent vers le ciel un affreux hurlement,
Ainsi que des esprits errants et sans patrie
16 Qui se mettent à geindre opiniâtrement.

— Et de longs corbillards, sans tambours ni musique,
Défilent lentement dans mon âme; l'Espoir,
Vaincu, pleure, et l'Angoisse atroce, despotique,
20 Sur mon crâne incliné plante son drapeau noir.

LXXIX
OBSESSION

Grands bois, vous m'effrayez comme des cathédrales ;
Vous hurlez comme l'orgue ; et dans nos cœurs maudits,
Chambres d'éternel deuil où vibrent de vieux râles,
4 Répondent les échos de vos *De profundis*.

Je te hais, Océan ! tes bonds et tes tumultes,
Mon esprit les retrouve en lui ; ce rire amer
De l'homme vaincu, plein de sanglots et d'insultes,
8 Je l'entends dans le rire énorme de la mer.

Comme tu me plairais, ô nuit ! sans ces étoiles
Dont la lumière parle un langage connu !
11 Car je cherche le vide, et le noir, et le nu !

Mais les ténèbres sont elles-mêmes des toiles
Où vivent, jaillissant de mon œil par milliers,
14 Des êtres disparus aux regards familiers.

LXXX
Le Goût du néant

Morne esprit, autrefois amoureux de la lutte,
L'Espoir, dont l'éperon attisait ton ardeur,
Ne veut plus t'enfourcher! Couche-toi sans pudeur,
Vieux cheval dont le pied à chaque obstacle bute.

5 Résigne-toi, mon cœur; dors ton sommeil de brute.

Esprit vaincu, fourbu! Pour toi, vieux maraudeur,
L'amour n'a plus de goût, non plus que la dispute;
Adieu donc, chants du cuivre et soupirs de la flûte!
Plaisirs, ne tentez plus un cœur sombre et boudeur!

10 Le Printemps adorable a perdu son odeur!

Et le Temps m'engloutit minute par minute,
Comme la neige immense un corps pris de roideur;
Je contemple d'en haut le globe en sa rondeur
Et je n'y cherche plus l'abri d'une cahute.

15 Avalanche, veux-tu m'emporter dans ta chute?

LXXXIII
L'Héautontimorouménos[1]

À J. G. F.

Je te frapperai sans colère
Et sans haine, comme un boucher,
Comme Moïse le rocher !
4 Et je ferai de ta paupière,

Pour abreuver mon Sahara,
Jaillir les eaux de la souffrance.
Mon désir gonflé d'espérance
8 Sur tes pleurs salés nagera

Comme un vaisseau qui prend le large,
Et dans mon cœur qu'ils soûleront
Tes chers sanglots retentiront
12 Comme un tambour qui bat la charge !

Ne suis-je pas un faux accord
Dans la divine symphonie,
Grâce à la vorace Ironie
16 Qui me secoue et qui me mord ?

Elle est dans ma voix, la criarde !
C'est tout mon sang, ce poison noir !
Je suis le sinistre miroir
20 Où la mégère se regarde.

---

1. L'Héautontimorouménos : emprunt à Térence. Ce titre signifie « Le bourreau de soi-même ».

Je suis la plaie et le couteau !
Je suis le soufflet et la joue !
Je suis les membres et la roue,
24 Et la victime et le bourreau !

Je suis de mon cœur le vampire,
— Un de ces grands abandonnés
Au rire éternel condamnés,
28 Et qui ne peuvent plus sourire !

LXXXV
L'Horloge

Horloge ! dieu sinistre, effrayant, impassible,
Dont le doigt nous menace et nous dit : « *Souviens-toi !*
Les vibrantes Douleurs dans ton cœur plein d'effroi
4   Se planteront bientôt comme dans une cible ;

« Le Plaisir vaporeux fuira vers l'horizon
Ainsi qu'une sylphide[1] au fond de la coulisse ;
Chaque instant te dévore un morceau du délice
8   À chaque homme accordé pour toute sa saison.

« Trois mille six cents fois par heure, la Seconde
Chuchote : *Souviens-toi !* — Rapide, avec sa voix
D'insecte, Maintenant dit : Je suis Autrefois,
12   Et j'ai pompé ta vie avec ma trompe immonde !

« *Remember ! Souviens-toi,* prodigue ! *Esto memor !*
(Mon gosier de métal parle toutes les langues.)
Les minutes, mortel folâtre, sont des gangues
16   Qu'il ne faut pas lâcher sans en extraire l'or !

« *Souviens-toi* que le Temps est un joueur avide
Qui gagne sans tricher, à tout coup ! c'est la loi.
Le jour décroît ; la nuit augmente ; *souviens-toi !*
20   Le gouffre a toujours soif ; la clepsydre[2] se vide.

---

1. Sylphide : génie aérien féminin au mouvement gracieux. Un ballet célèbre au xixᵉ siècle portait le nom de *La Sylphide*. C'est dans ce ballet qu'on utilisa le fameux tutu pour la première fois.
2. Clepsydre : selon Littré, « machine qui indique l'heure par le moyen de l'écoulement d'une certaine quantité d'eau ».

« Tantôt sonnera l'heure où le divin Hasard,
Où l'auguste Vertu, ton épouse encor vierge,
Où le Repentir même (oh ! la dernière auberge !),
24 Où tout te dira : Meurs, vieux lâche ! il est trop tard ! »

PARIS SANS FIN (DÉTAIL).
LITHOGRAPHIE D'ALBERTO GIACOMETTI
(1901-1966).

TABLEAUX PARISIENS

LXXXVIII
À UNE MENDIANTE ROUSSE

Blanche fille aux cheveux roux,
Dont la robe par ses trous
Laisse voir la pauvreté
4   Et la beauté,

Pour moi, poète chétif,
Ton jeune corps maladif,
Plein de taches de rousseur,
8   A sa douceur.

Tu portes plus galamment
Qu'une reine de roman
Ses cothurnes[1] de velours
12   Tes sabots lourds.

Au lieu d'un haillon trop court,
Qu'un superbe habit de cour
Traîne à plis bruyants et longs
16   Sur tes talons ;

En place de bas troués,
Que pour les yeux des roués[2]
Sur ta jambe un poignard d'or
20   Reluise encor ;

---

1. Cothurnes : chaussures élevées qui étaient employées durant les représentations de tragédies dans l'Antiquité.
2. Roués : sans mœurs, débauchés ; par extension, rusés.

Que des nœuds mal attachés
Dévoilent pour nos péchés
Tes deux beaux seins, radieux
24   Comme des yeux ;

Que pour te déshabiller
Tes bras se fassent prier
Et chassent à coups mutins
28   Les doigts lutins,

Perles de la plus belle eau,
Sonnets de maître Belleau[1]
Par tes galants mis aux fers
32   Sans cesse offerts,

Valetaille de rimeurs
Te dédiant leurs primeurs
Et contemplant ton soulier
36   Sous l'escalier,

Maint page épris du hasard,
Maint seigneur et maint Ronsard
Épieraient pour le déduit[2]
40   Ton frais réduit !

Tu compterais dans tes lits
Plus de baisers que de lis
Et rangerais sous tes lois
44   Plus d'un Valois !

---

1. Belleau, Rémi (1528-1577) : poète faisant partie du groupe de la Pléiade.
2. Déduit : plaisir, divertissement.

— Cependant tu vas gueusant[1]
Quelque vieux débris gisant
Au seuil de quelque Véfour[2]
48   De carrefour ;

Tu vas lorgnant en dessous
Des bijoux de vingt-neuf sous
Dont je ne puis, oh ! pardon !
52   Te faire don.

Va donc, sans autre ornement,
Parfum, perles, diamant,
Que ta maigre nudité,
56   Ô ma beauté !

© Réunion des Musées nationaux. Art Resource, NY.

UNE MENDIANTE (1861).
TABLEAU DE HUGUES MERLE (1823-1881).

MUSÉE D'ORSAY, PARIS.

---

1. Gueusant : mendiant.
2. Véfour : célèbre restaurant parisien qui existe depuis la fin du XVIIIe siècle.

LXXXIX
Le Cygne

À Victor Hugo.

I

Andromaque, je pense à vous! Ce petit fleuve,
Pauvre et triste miroir où jadis resplendit
L'immense majesté de vos douleurs de veuve,
4 Ce Simoïs[1] menteur qui par vos pleurs grandit,

A fécondé soudain ma mémoire fertile,
Comme je traversais le nouveau Carrousel[2].
Le vieux Paris n'est plus (la forme d'une ville
8 Change plus vite, hélas! que le cœur d'un mortel);

Je ne vois qu'en esprit tout ce champ de baraques,
Ces tas de chapiteaux ébauchés et de fûts,
Les herbes, les gros blocs verdis par l'eau des flaques,
12 Et, brillant aux carreaux, le bric-à-brac confus.

Là s'étalait jadis une ménagerie;
Là je vis, un matin, à l'heure où sous les cieux
Froids et clairs le Travail s'éveille, où la voirie
16 Pousse un sombre ouragan dans l'air silencieux,

Un cygne qui s'était évadé de sa cage,
Et, de ses pieds palmés frottant le pavé sec,
Sur le sol raboteux traînait son blanc plumage.
20 Près d'un ruisseau sans eau la bête ouvrant le bec

---

1. Simoïs: fleuve de Troie.
2. Carrousel: l'arc de triomphe du Carrousel où paradaient les cavaliers.

Baignait nerveusement ses ailes dans la poudre[1],
Et disait, le cœur plein de son beau lac natal :
« Eau, quand donc pleuvras-tu ? quand tonneras-tu, foudre ? »
24 Je vois ce malheureux, mythe étrange et fatal,

Vers le ciel quelquefois, comme l'homme d'Ovide[2],
Vers le ciel ironique et cruellement bleu,
Sur son cou convulsif tendant sa tête avide,
28 Comme s'il adressait des reproches à Dieu !

II

Paris change ! mais rien dans ma mélancolie
N'a bougé ! palais neufs, échafaudages, blocs,
Vieux faubourgs, tout pour moi devient allégorie,
32 Et mes chers souvenirs sont plus lourds que des rocs.

Aussi devant ce Louvre une image m'opprime :
Je pense à mon grand cygne, avec ses gestes fous,
Comme les exilés, ridicule et sublime,
36 Et rongé d'un désir sans trêve ! et puis à vous,

Andromaque, des bras d'un grand époux tombée,
Vil bétail, sous la main du superbe[3] Pyrrhus[4],
Auprès d'un tombeau vide en extase courbée ;
40 Veuve d'Hector[5], hélas ! et femme d'Hélénus[6] !

---

1. Poudre : poussière.
2. Ovide : poète latin (~43 av. J.-C.–~17 apr. J.-C.).
3. Superbe : orgueilleux.
4. Pyrrhus : roi d'Épire. Dans la mythologie grecque, Andromaque est faite prisonnière sous son règne.
5. Hector : époux d'Andromaque. Il fut massacré par Pyrrhus à Troie, où il mourut.
6. Hélénus : esclave de Pyrrhus. Après la mort d'Hector, il épousa Andromaque.

Je pense à la négresse, amaigrie et phtisique,
Piétinant dans la boue, et cherchant, l'œil hagard,
Les cocotiers absents de la superbe Afrique
44 Derrière la muraille immense du brouillard;

À quiconque a perdu ce qui ne se retrouve
Jamais, jamais! à ceux qui s'abreuvent de pleurs
Et tètent la Douleur comme une bonne louve[1]!
48 Aux maigres orphelins séchant comme des fleurs!

Ainsi dans la forêt où mon esprit s'exile
Un vieux Souvenir sonne à plein souffle du cor!
Je pense aux matelots oubliés dans une île,
52 Aux captifs, aux vaincus!… à bien d'autres encor!

---

1. Louve: allusion à la louve qui nourrissait Romulus et Rémus.

XC
LES SEPT VIEILLARDS

À Victor Hugo.

Fourmillante cité, cité pleine de rêves,
Où le spectre en plein jour raccroche le passant !
Les mystères partout coulent comme des sèves
4 Dans les canaux étroits du colosse puissant.

Un matin, cependant que dans la triste rue
Les maisons, dont la brume allongeait la hauteur,
Simulaient les deux quais d'une rivière accrue,
8 Et que, décor semblable à l'âme de l'acteur,

Un brouillard sale et jaune inondait tout l'espace,
Je suivais, roidissant mes nerfs comme un héros
Et discutant avec mon âme déjà lasse,
12 Le faubourg secoué par les lourds tombereaux.

Tout à coup, un vieillard dont les guenilles jaunes
Imitaient la couleur de ce ciel pluvieux,
Et dont l'aspect aurait fait pleuvoir les aumônes,
16 Sans la méchanceté qui luisait dans ses yeux,

M'apparut. On eût dit sa prunelle trempée
Dans le fiel ; son regard aiguisait les frimas,
Et sa barbe à longs poils, roide comme une épée,
20 Se projetait, pareille à celle de Judas.

Il n'était pas voûté, mais cassé, son échine
Faisant avec sa jambe un parfait angle droit,
Si bien que son bâton, parachevant sa mine,
24 Lui donnait la tournure et le pas maladroit

D'un quadrupède infirme ou d'un juif à trois pattes.
Dans la neige et la boue il allait s'empêtrant,
Comme s'il écrasait des morts sous ses savates,
28 Hostile à l'univers plutôt qu'indifférent.

Son pareil le suivait : barbe, œil, dos, bâton, loques,
Nul trait ne distinguait, du même enfer venu,
Ce jumeau centenaire, et ces spectres baroques
32 Marchaient du même pas vers un but inconnu.

À quel complot infâme étais-je donc en butte,
Ou quel méchant hasard ainsi m'humiliait ?
Car je comptai sept fois, de minute en minute,
36 Ce sinistre vieillard qui se multipliait !

Que celui-là qui rit de mon inquiétude,
Et qui n'est pas saisi d'un frisson fraternel,
Songe bien que malgré tant de décrépitude
40 Ces sept monstres hideux avaient l'air éternel !

Aurais-je, sans mourir, contemplé le huitième,
Sosie inexorable, ironique et fatal,
Dégoûtant Phénix[1], fils et père de lui-même ?
44 — Mais je tournai le dos au cortège infernal.

Exaspéré comme un ivrogne qui voit double,
Je rentrai, je fermai ma porte, épouvanté,
Malade et morfondu, l'esprit fiévreux et trouble,
48 Blessé par le mystère et par l'absurdité !

---

1. Phénix : oiseau mythique qui a le pouvoir de renaître de ses cendres.

Vainement ma raison voulait prendre la barre ;
La tempête en jouant déroutait ses efforts,
Et mon âme dansait, dansait, vieille gabarre[1]
52 Sans mâts, sur une mer monstrueuse et sans bords !

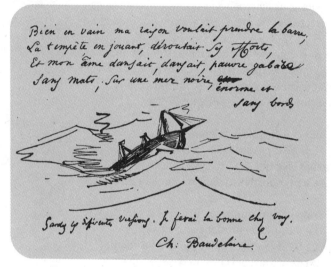

DESSIN DE BAUDELAIRE ILLUSTRANT LE POÈME
LES SEPT VIEILLARDS.

---

1. Gabarre : bateau qui sert au transport des marchandises.

XCIII
À UNE PASSANTE

La rue assourdissante autour de moi hurlait.
Longue, mince, en grand deuil, douleur majestueuse,
Une femme passa, d'une main fastueuse
4 Soulevant, balançant le feston et l'ourlet;

Agile et noble, avec sa jambe de statue.
Moi, je buvais, crispé comme un extravagant,
Dans son œil, ciel livide où germe l'ouragan,
8 La douceur qui fascine et le plaisir qui tue.

Un éclair... puis la nuit! — Fugitive beauté
Dont le regard m'a fait soudainement renaître,
11 Ne te verrai-je plus que dans l'éternité?

Ailleurs, bien loin d'ici! trop tard! *jamais* peut-être!
Car j'ignore où tu fuis, tu ne sais où je vais,
14 Ô toi que j'eusse aimée, ô toi qui le savais!

XCIV
Le Squelette laboureur

I

Dans les planches d'anatomie
Qui traînent sur ces quais poudreux
Où maint livre cadavéreux
4 Dort comme une antique momie,

Dessins auxquels la gravité
Et le savoir d'un vieil artiste,
Bien que le sujet en soit triste,
8 Ont communiqué la Beauté,

On voit, ce qui rend plus complètes
Ces mystérieuses horreurs,
Bêchant comme des laboureurs,
12 Des Écorchés et des Squelettes.

II

De ce terrain que vous fouillez,
Manants résignés et funèbres,
De tout l'effort de vos vertèbres,
16 Ou de vos muscles dépouillés,

Dites, quelle moisson étrange,
Forçats arrachés au charnier,
Tirez-vous, et de quel fermier
20 Avez-vous à remplir la grange?

Voulez-vous (d'un destin trop dur
Épouvantable et clair emblème!)
Montrer que dans la fosse même
24 Le sommeil promis n'est pas sûr;

Qu'envers nous le Néant est traître ;
Que tout, même la Mort, nous ment,
Et que sempiternellement,
28 Hélas ! il nous faudra peut-être

Dans quelque pays inconnu
Écorcher la terre revêche
Et pousser une lourde bêche
32 Sous notre pied sanglant et nu ?

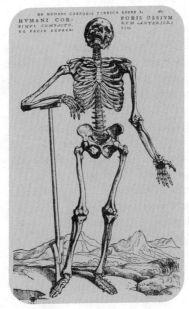

Le Squelette laboureur.

XCV
Le Crépuscule du soir

Voici le soir charmant, ami du criminel ;
Il vient comme un complice, à pas de loup ; le ciel
Se ferme lentement comme une grande alcôve,
Et l'homme impatient se change en bête fauve.

5 Ô soir, aimable soir, désiré par celui
Dont les bras, sans mentir, peuvent dire : Aujourd'hui
Nous avons travaillé ! — C'est le soir qui soulage
Les esprits que dévore une douleur sauvage,
Le savant obstiné dont le front s'alourdit,
10 Et l'ouvrier courbé qui regagne son lit.
Cependant des démons malsains dans l'atmosphère
S'éveillent lourdement, comme des gens d'affaire,
Et cognent en volant les volets et l'auvent.
À travers les lueurs que tourmente le vent
15 La Prostitution s'allume dans les rues ;
Comme une fourmilière elle ouvre ses issues ;
Partout elle se fraye un occulte chemin,
Ainsi que l'ennemi qui tente un coup de main ;
Elle remue au sein de la cité de fange
20 Comme un ver qui dérobe à l'Homme ce qu'il mange.
On entend çà et là les cuisines siffler,
Les théâtres glapir, les orchestres ronfler ;
Les tables d'hôte, dont le jeu fait les délices,
S'emplissent de catins et d'escrocs, leurs complices,
25 Et les voleurs, qui n'ont ni trêve ni merci,
Vont bientôt commencer leur travail, eux aussi,
Et forcer doucement les portes et les caisses
Pour vivre quelques jours et vêtir leurs maîtresses.

Recueille-toi, mon âme, en ce grave moment,
30 Et ferme ton oreille à ce rugissement.
C'est l'heure où les douleurs des malades s'aigrissent !
La sombre Nuit les prend à la gorge ; ils finissent
Leur destinée et vont vers le gouffre commun ;
L'hôpital se remplit de leurs soupirs. — Plus d'un
35 Ne viendra plus chercher la soupe parfumée,
Au coin du feu, le soir, auprès d'une âme aimée.

Encore la plupart n'ont-ils jamais connu
La douceur du foyer et n'ont jamais vécu !

XCVI
Le Jeu

Dans des fauteuils fanés des courtisanes vieilles,
Pâles, le sourcil peint, l'œil câlin et fatal,
Minaudant, et faisant de leurs maigres oreilles
4   Tomber un cliquetis de pierre et de métal ;

Autour des verts tapis des visages sans lèvre,
Des lèvres sans couleur, des mâchoires sans dent,
Et des doigts convulsés d'une infernale fièvre,
8   Fouillant la poche vide ou le sein palpitant ;

Sous de sales plafonds un rang de pâles lustres
Et d'énormes quinquets[1] projetant leurs lueurs
Sur des fronts ténébreux de poètes illustres
12 Qui viennent gaspiller leurs sanglantes sueurs ;

Voilà le noir tableau qu'en un rêve nocturne
Je vis se dérouler sous mon œil clairvoyant.
Moi-même, dans un coin de l'antre taciturne,
16 Je me vis accoudé, froid, muet, enviant,

Enviant de ces gens la passion tenace,
De ces vieilles putains la funèbre gaieté,
Et tous gaillardement trafiquant à ma face,
20 L'un de son vieil honneur, l'autre de sa beauté !

Et mon cœur s'effraya d'envier maint pauvre homme
Courant avec ferveur à l'abîme béant,
Et qui, soûl de son sang, préférerait en somme
24 La douleur à la mort et l'enfer au néant !

---

1. Quinquets : anciennes lampes.

XCVIII
L'Amour du mensonge

Quand je te vois passer, ô ma chère indolente,
Au chant des instruments qui se brise au plafond
Suspendant ton allure harmonieuse et lente,
4 Et promenant l'ennui de ton regard profond ;

Quand je contemple, aux feux du gaz qui le colore,
Ton front pâle, embelli par un morbide attrait,
Où les torches du soir allument une aurore,
8 Et tes yeux attirants comme ceux d'un portrait,

Je me dis : Qu'elle est belle ! et bizarrement fraîche !
Le souvenir massif, royale et lourde tour,
La couronne, et son cœur, meurtri comme une pêche,
12 Est mûr, comme son corps, pour le savant amour.

Es-tu le fruit d'automne aux saveurs souveraines ?
Es-tu vase funèbre attendant quelques pleurs,
Parfum qui fait rêver aux oasis lointaines,
16 Oreiller caressant, ou corbeille de fleurs ?

Je sais qu'il est des yeux, des plus mélancoliques,
Qui ne recèlent point de secrets précieux ;
Beaux écrins sans joyaux, médaillons sans reliques,
20 Plus vides, plus profonds que vous-mêmes, ô Cieux !

Mais ne suffit-il pas que tu sois l'apparence,
Pour réjouir un cœur qui fuit la vérité ?
Qu'importe ta bêtise ou ton indifférence ?
24 Masque ou décor, salut ! J'adore ta beauté.

XCIX

Je n'ai pas oublié, voisine de la ville,
Notre blanche maison, petite mais tranquille;
Sa Pomone[1] de plâtre et sa vieille Vénus[2]
Dans un bosquet chétif cachant leurs membres nus,
5 Et le soleil, le soir, ruisselant et superbe,
Qui, derrière la vitre où se brisait sa gerbe,
Semblait, grand œil ouvert dans le ciel curieux,
Contempler nos dîners longs et silencieux,
Répandant largement ses beaux reflets de cierge
10 Sur la nappe frugale et les rideaux de serge.

---

1. Pomone : nymphe qui protège les fruits.
2. Vénus : déesse romaine de l'amour et de la beauté, assimilée à Aphrodite.

C

La servante au grand cœur dont vous étiez jalouse,
Et qui dort son sommeil sous une humble pelouse,
Nous devrions pourtant lui porter quelques fleurs.
Les morts, les pauvres morts, ont de grandes douleurs,
5 Et quand Octobre souffle, émondeur des vieux arbres,
Son vent mélancolique à l'entour de leurs marbres,
Certe[1], ils doivent trouver les vivants bien ingrats,
À dormir, comme ils font, chaudement dans leurs draps,
Tandis que, dévorés de noires songeries,
10 Sans compagnon de lit, sans bonnes causeries,
Vieux squelettes gelés travaillés par le ver,
Ils sentent s'égoutter les neiges de l'hiver
Et le siècle couler, sans qu'amis ni famille
Remplacent les lambeaux qui pendent à leur grille.

15 Lorsque la bûche siffle et chante, si le soir,
Calme, dans le fauteuil je la voyais s'asseoir,
Si, par une nuit bleue et froide de décembre,
Je la trouvais tapie en un coin de ma chambre,
Grave, et venant du fond de son lit éternel
20 Couver l'enfant grandi de son œil maternel,
Que pourrais-je répondre à cette âme pieuse,
Voyant tomber des pleurs de sa paupière creuse?

---

1. Certe : licence poétique.

CI
BRUMES ET PLUIES

Ô fins d'automne, hivers, printemps trempés de boue,
Endormeuses saisons! je vous aime et vous loue
D'envelopper ainsi mon cœur et mon cerveau
4 D'un linceul vaporeux et d'un vague tombeau.

Dans cette grande plaine où l'autan froid se joue,
Où par les longues nuits la girouette s'enroue,
Mon âme mieux qu'au temps du tiède renouveau
8 Ouvrira largement ses ailes de corbeau.

Rien n'est plus doux au cœur plein de choses funèbres,
Et sur qui dès longtemps descendent les frimas,
11 Ô blafardes saisons, reines de nos climats,

Que l'aspect permanent de vos pâles ténèbres,
— Si ce n'est, par un soir sans lune, deux à deux,
14 D'endormir la douleur sur un lit hasardeux.

Le Vin

CVI
Le Vin de l'assassin

Ma femme est morte, je suis libre !
Je puis donc boire tout mon soûl.
Lorsque je rentrais sans un sou,
4 Ses cris me déchiraient la fibre.

Autant qu'un roi je suis heureux ;
L'air est pur, le ciel admirable…
Nous avions un été semblable
8 Lorsque j'en devins amoureux !

L'horrible soif qui me déchire
Aurait besoin pour s'assouvir
D'autant de vin qu'en peut tenir
12 Son tombeau ; — ce n'est pas peu dire :

Je l'ai jetée au fond d'un puits,
Et j'ai même poussé sur elle
Tous les pavés de la margelle.
16 — Je l'oublierai si je le puis !

Au nom des serments de tendresse,
Dont rien ne peut nous délier,
Et pour nous réconcilier
20 Comme au beau temps de notre ivresse,

J'implorai d'elle un rendez-vous,
Le soir, sur une route obscure.
Elle y vint ! — folle créature !
24 Nous sommes tous plus ou moins fous !

Elle était encore jolie,
Quoique bien fatiguée! et moi,
Je l'aimais trop! voilà pourquoi
28 Je lui dis: Sors de cette vie!

Nul ne peut me comprendre. Un seul
Parmi ces ivrognes stupides
Songea-t-il dans ses nuits morbides
32 À faire du vin un linceul?

Cette crapule invulnérable
Comme les machines de fer
Jamais, ni l'été ni l'hiver,
36 N'a connu l'amour véritable,

Avec ses noirs enchantements,
Son cortège infernal d'alarmes,
Ses fioles de poison, ses larmes,
40 Ses bruits de chaîne et d'ossements!

— Me voilà libre et solitaire!
Je serai ce soir ivre mort;
Alors, sans peur et sans remords,
44 Je me coucherai sur la terre,

Et je dormirai comme un chien!
Le chariot aux lourdes roues
Chargé de pierres et de boues,
48 Le wagon enragé peut bien

Écraser ma tête coupable
Ou me couper par le milieu,
Je m'en moque comme de Dieu,
52 Du Diable ou de la Sainte Table!

CVII
LE VIN DU SOLITAIRE

Le regard singulier d'une femme galante
Qui se glisse vers nous comme le rayon blanc
Que la lune onduleuse envoie au lac tremblant,
4 Quand elle y veut baigner sa beauté nonchalante ;

Lè dernier sac d'écus dans les doigts d'un joueur ;
Un baiser libertin de la maigre Adeline[1] ;
Les sons d'une musique énervante[2] et câline,
8 Semblable au cri lointain de l'humaine douleur,

Tout cela ne vaut pas, ô bouteille profonde,
Les baumes pénétrants que ta panse féconde
11 Garde au cœur altéré du poète pieux ;

Tu lui verses l'espoir, la jeunesse et la vie,
— Et l'orgueil, ce trésor de toute gueuserie[3],
14 Qui nous rend triomphants et semblables aux Dieux !

---

1. Adeline : cette allusion est mystérieuse. On ne sait pas si Baudelaire avait une connaissance portant le nom d'Adeline.
2. Énervante : au XIXᵉ siècle, ce terme désigne ce qui enlève du nerf, ce qui rend languissante.
3. Gueuserie : mendicité.

Fleurs du mal

CXII
Les Deux Bonnes Sœurs

La Débauche et la Mort sont deux aimables filles,
Prodigues de baisers et riches de santé,
Dont le flanc toujours vierge et drapé de guenilles
4 Sous l'éternel labeur n'a jamais enfanté.

Au poète sinistre, ennemi des familles,
Favori de l'enfer, courtisan mal renté,
Tombeaux et lupanars montrent sous leurs charmilles
8 Un lit que le remords n'a jamais fréquenté.

Et la bière et l'alcôve en blasphèmes fécondes
Nous offrent tour à tour, comme deux bonnes sœurs,
11 De terribles plaisirs et d'affreuses douceurs.

Quand veux-tu m'enterrer, Débauche aux bras immondes?
Ô Mort, quand viendras-tu, sa rivale en attraits,
14 Sur ses myrtes[1] infects enter[2] tes noirs cyprès[3]?

1. Myrtes: le myrte est l'arbre voué à Vénus.
2. Enter: greffer.
3. Cyprès: le cyprès est l'arbre des cimetières.

CXIII
LA FONTAINE DE SANG

Il me semble parfois que mon sang coule à flots,
Ainsi qu'une fontaine aux rythmiques sanglots.
Je l'entends bien qui coule avec un long murmure,
4   Mais je me tâte en vain pour trouver la blessure.

À travers la cité, comme dans un champ clos,
Il s'en va, transformant les pavés en îlots,
Désaltérant la soif de chaque créature,
8   Et partout colorant en rouge la nature.

J'ai demandé souvent à des vins captieux[1]
D'endormir pour un jour la terreur qui me mine ;
11   Le vin rend l'œil plus clair et l'oreille plus fine !

J'ai cherché dans l'amour un sommeil oublieux ;
Mais l'amour n'est pour moi qu'un matelas d'aiguilles
14   Fait pour donner à boire à ces cruelles filles !

---

1. Captieux : qui induisent en erreur.

CXVI
Un Voyage à Cythère

Mon cœur, comme un oiseau, voltigeait tout joyeux
Et planait librement à l'entour des cordages ;
Le navire roulait sous un ciel sans nuages,
4 Comme un ange enivré d'un soleil radieux.

Quelle est cette île triste et noire ? — C'est Cythère,
Nous dit-on, un pays fameux dans les chansons,
Eldorado banal de tous les vieux garçons.
8 Regardez, après tout, c'est une pauvre terre.

— Île des doux secrets et des fêtes du cœur !
De l'antique Vénus* le superbe* fantôme
Au-dessus de tes mers plane comme un arôme,
12 Et charge les esprits d'amour et de langueur.

Belle île aux myrtes* verts, pleine de fleurs écloses,
Vénérée à jamais par toute nation,
Où les soupirs des cœurs en adoration
16 Roulent comme l'encens sur un jardin de roses

Ou le roucoulement éternel d'un ramier !
— Cythère n'était plus qu'un terrain des plus maigres,
Un désert rocailleux troublé par des cris aigres.
20 J'entrevoyais pourtant un objet singulier !

Ce n'était pas un temple aux ombres bocagères,
Où la jeune prêtresse, amoureuse des fleurs,
Allait, le corps brûlé de secrètes chaleurs,
24 Entre-bâillant sa robe aux brises passagères ;

Mais voilà qu'en rasant la côte d'assez près
Pour troubler les oiseaux avec nos voiles blanches,
Nous vîmes que c'était un gibet à trois branches,
28 Du ciel se détachant en noir, comme un cyprès*.

De féroces oiseaux perchés sur leur pâture
Détruisaient avec rage un pendu déjà mûr,
Chacun plantant, comme un outil, son bec impur
32 Dans tous les coins saignants de cette pourriture ;

Les yeux étaient deux trous, et du ventre effondré
Les intestins pesants lui coulaient sur les cuisses,
Et ses bourreaux, gorgés de hideuses délices,
36 L'avaient à coups de bec absolument châtré.

Sous les pieds, un troupeau de jaloux quadrupèdes,
Le museau relevé, tournoyait et rôdait ;
Une plus grande bête au milieu s'agitait
40 Comme un exécuteur entouré de ses aides.

Habitant de Cythère, enfant d'un ciel si beau,
Silencieusement tu souffrais ces insultes
En expiation de tes infâmes cultes
44 Et des péchés qui t'ont interdit le tombeau.

Ridicule pendu, tes douleurs sont les miennes !
Je sentis, à l'aspect de tes membres flottants,
Comme un vomissement, remonter vers mes dents
48 Le long fleuve de fiel des douleurs anciennes ;

Devant toi, pauvre diable au souvenir si cher,
J'ai senti tous les becs et toutes les mâchoires
Des corbeaux lancinants et des panthères noires
52   Qui jadis aimaient tant à triturer ma chair.

    — Le ciel était charmant, la mer était unie ;
Pour moi tout était noir et sanglant désormais,
Hélas ! et j'avais, comme en un suaire épais,
56   Le cœur enseveli dans cette allégorie.

Dans ton île, ô Vénus* ! je n'ai trouvé debout
Qu'un gibet symbolique où pendait mon image…
    — Ah ! Seigneur ! donnez-moi la force et le courage
60   De contempler mon cœur et mon corps sans dégoût !

© Akg-images.

LE PENDU (1854).
DESSIN RÉALISÉ PAR VICTOR HUGO (1802-1885).

MUSÉE VICTOR HUGO, PARIS.

CXVII
L'Amour et le Crâne
Vieux cul-de-lampe

L'Amour est assis sur le crâne
        De l'Humanité,
Et sur ce trône le profane,
4   Au rire effronté,

Souffle gaiement des bulles rondes
        Qui montent dans l'air,
Comme pour rejoindre les mondes
8   Au fond de l'éther.

Le globe lumineux et frêle
        Prend un grand essor,
Crève et crache son âme grêle
12   Comme un songe d'or.

J'entends le crâne à chaque bulle
        Prier et gémir :
— « Ce jeu féroce et ridicule,
16   Quand doit-il finir ?

« Car ce que ta bouche cruelle
        Éparpille en l'air,
Monstre assassin, c'est ma cervelle,
20   Mon sang et ma chair ! »

RÉVOLTE

CXVIII
LE RENIEMENT DE SAINT PIERRE

Qu'est-ce que Dieu fait donc de ce flot d'anathèmes
Qui monte tous les jours vers ses chers Séraphins[1]?
Comme un tyran gorgé de viande et de vins,
4 Il s'endort au doux bruit de nos affreux blasphèmes.

Les sanglots des martyrs et des suppliciés
Sont une symphonie enivrante sans doute,
Puisque, malgré le sang que leur volupté coûte,
8 Les cieux ne s'en sont point encor rassasiés!

— Ah! Jésus, souviens-toi du Jardin des Olives!
Dans ta simplicité tu priais à genoux
Celui qui dans son ciel riait au bruit des clous
12 Que d'ignobles bourreaux plantaient dans tes chairs vives,

Lorsque tu vis cracher sur ta divinité
La crapule du corps de garde et des cuisines,
Et lorsque tu sentis s'enfoncer les épines
16 Dans ton crâne où vivait l'immense Humanité;

Quand de ton corps brisé la pesanteur horrible
Allongeait tes deux bras distendus, que ton sang
Et ta sueur coulaient de ton front pâlissant,
20 Quand tu fus devant tous posé comme une cible,

---

1. Séraphins: anges de la première hiérarchie.

Rêvais-tu de ces jours si brillants et si beaux
Où tu vins pour remplir l'éternelle promesse,
Où tu foulais, monté sur une douce ânesse,
24 Des chemins tout jonchés de fleurs et de rameaux,

Où, le cœur tout gonflé d'espoir et de vaillance,
Tu fouettais tous ces vils marchands à tour de bras,
Où tu fus maître enfin ? Le remords n'a-t-il pas
28 Pénétré dans ton flanc plus avant que la lance ?

— Certes, je sortirai, quant à moi, satisfait
D'un monde où l'action n'est pas la sœur du rêve ;
Puissé-je user du glaive et périr par le glaive !
32 Saint Pierre a renié Jésus… il a bien fait !

La Mort

CXXII
La Mort des pauvres

C'est la Mort qui console, hélas ! et qui fait vivre ;
C'est le but de la vie, et c'est le seul espoir
Qui, comme un élixir, nous monte et nous enivre,
4 Et nous donne le cœur de marcher jusqu'au soir ;

À travers la tempête, et la neige, et le givre,
C'est la clarté vibrante à notre horizon noir ;
C'est l'auberge fameuse inscrite sur le livre,
8 Où l'on pourra manger, et dormir, et s'asseoir ;

C'est un Ange qui tient dans ses doigts magnétiques
Le sommeil et le don des rêves extatiques,
11 Et qui refait le lit des gens pauvres et nus ;

C'est la gloire des dieux, c'est le grenier mystique,
C'est la bourse du pauvre et sa patrie antique,
14 C'est le portique ouvert sur les Cieux inconnus !

CXXIV
LA FIN DE LA JOURNÉE

Sous une lumière blafarde
Court, danse et se tord sans raison
La Vie, impudente et criarde.
4 Aussi, sitôt qu'à l'horizon

La nuit voluptueuse monte,
Apaisant tout, même la faim,
Effaçant tout, même la honte,
8 Le Poète se dit : « Enfin !

« Mon esprit, comme mes vertèbres,
Invoque ardemment le repos ;
11 Le cœur plein de songes funèbres,

« Je vais me coucher sur le dos
Et me rouler dans vos rideaux,
14 Ô rafraîchissantes ténèbres ! »

CXXVI
LE VOYAGE

À Maxime Du Camp.

I

Pour l'enfant, amoureux de cartes et d'estampes,
L'univers est égal à son vaste appétit.
Ah! que le monde est grand à la clarté des lampes!
4 Aux yeux du souvenir que le monde est petit!

Un matin nous partons, le cerveau plein de flamme,
Le cœur gros de rancune et de désirs amers,
Et nous allons, suivant le rythme de la lame,
8 Berçant notre infini sur le fini des mers:

Les uns, joyeux de fuir une patrie infâme;
D'autres, l'horreur de leurs berceaux, et quelques-uns,
Astrologues noyés dans les yeux d'une femme,
12 La Circé[1] tyrannique aux dangereux parfums.

Pour n'être pas changés en bêtes, ils s'enivrent
D'espace et de lumière et de cieux embrasés;
La glace qui les mord, les soleils qui les cuivrent,
16 Effacent lentement la marque des baisers.

Mais les vrais voyageurs sont ceux-là seuls qui partent
Pour partir; cœurs légers, semblables aux ballons,
De leur fatalité jamais ils ne s'écartent,
20 Et, sans savoir pourquoi, disent toujours: Allons!

---

1. Circé: dans l'*Odyssée,* magicienne qui changea les compagnons d'Ulysse en pourceaux.

Ceux-là dont les désirs ont la forme des nues,
Et qui rêvent, ainsi qu'un conscrit le canon,
De vastes voluptés, changeantes, inconnues,
24 Et dont l'esprit humain n'a jamais su le nom!

II

Nous imitons, horreur! la toupie et la boule
Dans leur valse et leurs bonds; même dans nos sommeils
La Curiosité nous tourmente et nous roule,
28 Comme un Ange cruel qui fouette des soleils.

Singulière fortune où le but se déplace,
Et, n'étant nulle part, peut être n'importe où!
Où l'Homme, dont jamais l'espérance n'est lasse,
32 Pour trouver le repos court toujours comme un fou!

Notre âme est un trois-mâts cherchant son Icarie[1];
Une voix retentit sur le pont: «Ouvre l'œil!»
Une voix de la hune, ardente et folle, crie:
36 «Amour... gloire... bonheur!» Enfer! c'est un écueil!

Chaque îlot signalé par l'homme de vigie
Est un Eldorado promis par le Destin;
L'Imagination qui dresse son orgie
40 Ne trouve qu'un récif aux clartés du matin.

Ô le pauvre amoureux des pays chimériques!
Faut-il le mettre aux fers, le jeter à la mer,
Ce matelot ivrogne, inventeur d'Amériques
44 Dont le mirage rend le gouffre plus amer?

---

1. Icarie: allusion à Étienne Cabet qui, en 1840, avait publié une fiction utopiste intitulée *Voyage en Icarie*.

Tel le vieux vagabond, piétinant dans la boue,
Rêve, le nez en l'air, de brillants paradis ;
Son œil ensorcelé découvre une Capoue[1]
48 Partout où la chandelle illumine un taudis.

                        III
Étonnants voyageurs ! quelles nobles histoires
Nous lisons dans vos yeux profonds comme les mers !
Montrez-nous les écrins de vos riches mémoires,
52 Ces bijoux merveilleux, faits d'astres et d'éthers.

Nous voulons voyager sans vapeur et sans voile !
Faites, pour égayer l'ennui de nos prisons,
Passer sur nos esprits, tendus comme une toile,
56 Vos souvenirs avec leurs cadres d'horizons.

Dites, qu'avez-vous vu ?

                        IV
                   « Nous avons vu des astres
Et des flots ; nous avons vu des sables aussi ;
Et, malgré bien des chocs et d'imprévus désastres,
60 Nous nous sommes souvent ennuyés, comme ici.

« La gloire du soleil sur la mer violette,
La gloire des cités dans le soleil couchant,
Allumaient dans nos cœurs une ardeur inquiète
64 De plonger dans un ciel au reflet alléchant.

« Les plus riches cités, les plus grands paysages,
Jamais ne contenaient l'attrait mystérieux
De ceux que le hasard fait avec les nuages.
68 Et toujours le désir nous rendait soucieux !

---

1. Capoue : ville d'Italie, considérée dans l'Antiquité comme un séjour de « délices ».

« — La jouissance ajoute au désir de la force.
  Désir, vieil arbre à qui le plaisir sert d'engrais,
  Cependant que grossit et durcit ton écorce,
72 Tes branches veulent voir le soleil de plus près !

« Grandiras-tu toujours, grand arbre plus vivace
  Que le cyprès ? — Pourtant nous avons, avec soin,
  Cueilli quelques croquis pour votre album vorace,
76 Frères qui trouvez beau tout ce qui vient de loin !

« Nous avons salué des idoles à trompe ;
  Des trônes constellés de joyaux lumineux ;
  Des palais ouvragés dont la féerique pompe
80 Serait pour vos banquiers un rêve ruineux ;

« Des costumes qui sont pour les yeux une ivresse ;
  Des femmes dont les dents et les ongles sont teints,
  Et des jongleurs savants que le serpent caresse. »

                          V

84 Et puis, et puis encore ?

                         VI
              « Ô cerveaux enfantins !

« Pour ne pas oublier la chose capitale,
  Nous avons vu partout, et sans l'avoir cherché,
  Du haut jusques en bas de l'échelle fatale,
88 Le spectacle ennuyeux de l'immortel péché :

« La femme, esclave vile, orgueilleuse et stupide,
  Sans rire s'adorant et s'aimant sans dégoût ;
  L'homme, tyran goulu, paillard, dur et cupide,
92 Esclave de l'esclave et ruisseau dans l'égout ;

« Le bourreau qui jouit, le martyr qui sanglote ;
La fête qu'assaisonne et parfume le sang ;
Le poison du pouvoir énervant* le despote,
96 Et le peuple amoureux du fouet abrutissant ;

« Plusieurs religions semblables à la nôtre,
Toutes escaladant le ciel ; la Sainteté,
Comme en un lit de plume un délicat se vautre,
100 Dans les clous et le crin cherchant la volupté ;

« L'Humanité bavarde, ivre de son génie,
Et, folle maintenant comme elle était jadis,
Criant à Dieu, dans sa furibonde agonie :
104 "Ô mon semblable, ô mon maître, je te maudis !"

« Et les moins sots, hardis amants de la Démence,
Fuyant le grand troupeau parqué par le Destin,
Et se réfugiant dans l'opium immense !
108 — Tel est du globe entier l'éternel bulletin. »

VII

Amer savoir, celui qu'on tire du voyage !
Le monde, monotone et petit, aujourd'hui,
Hier, demain, toujours, nous fait voir notre image :
112 Une oasis d'horreur dans un désert d'ennui !

Faut-il partir ? rester ? Si tu peux rester, reste ;
Pars, s'il le faut. L'un court, et l'autre se tapit
Pour tromper l'ennemi vigilant et funeste,
116 Le Temps ! Il est, hélas ! des coureurs sans répit,

Comme le Juif errant[1] et comme les apôtres,
À qui rien ne suffit, ni wagon ni vaisseau,
Pour fuir ce rétiaire[2] infâme; il en est d'autres
120 Qui savent le tuer sans quitter leur berceau.

Lorsque enfin il mettra le pied sur notre échine,
Nous pourrons espérer et crier: En avant!
De même qu'autrefois nous partions pour la Chine,
124 Les yeux fixés au large et les cheveux au vent,

Nous nous embarquerons sur la mer des Ténèbres
Avec le cœur joyeux d'un jeune passager.
Entendez-vous ces voix, charmantes et funèbres,
128 Qui chantent: «Par ici! vous qui voulez manger

«Le Lotus parfumé! c'est ici qu'on vendange
Les fruits miraculeux dont votre cœur a faim;
Venez vous enivrer de la douceur étrange
132 De cette après-midi qui n'a jamais de fin?»

À l'accent familier nous devinons le spectre;
Nos Pylades[3] là-bas tendent leurs bras vers nous.
«Pour rafraîchir ton cœur nage vers ton Électre[4]!»
136 Dit celle dont jadis nous baisions les genoux.

---

1. Juif errant: personnage mythique. La légende du Juif errant, très vivante au XIXᵉ siècle, raconte le malheur d'un Juif condamné à errer jusqu'au Jugement dernier, parce qu'il a refusé de laisser le Christ se reposer sur son banc, lorsque celui-ci monta au Calvaire.
2. Rétiaire: gladiateur.
3. Nos Pylades: nos amis. Dans la mythologie grecque, Pylade était l'ami fidèle d'Oreste.
4. Ton Électre: celle qui t'aime. Dans la mythologie, Électre était la sœur d'Oreste.

VIII

Ô Mort, vieux capitaine, il est temps ! levons l'ancre !
Ce pays nous ennuie, ô Mort ! Appareillons !
Si le ciel et la mer sont noirs comme de l'encre,
140 Nos cœurs que tu connais sont remplis de rayons !

Verse-nous ton poison pour qu'il nous réconforte !
Nous voulons, tant ce feu nous brûle le cerveau,
Plonger au fond du gouffre, Enfer ou Ciel, qu'importe ?
144 Au fond de l'Inconnu pour trouver du *nouveau* !

Le Pont-au-Change.
Eau-forte de Charles Meryon (1821-1868).

The Fogg Art Museum.

Poèmes apportés par l'édition
de 1868

[VI]
RECUEILLEMENT

Sois sage, ô ma Douleur, et tiens-toi plus tranquille.
Tu réclamais le Soir ; il descend ; le voici :
Une atmosphère obscure enveloppe la ville,
4 Aux uns portant la paix, aux autres le souci.

Pendant que des mortels la multitude vile,
Sous le fouet du Plaisir, ce bourreau sans merci,
Va cueillir des remords dans la fête servile,
8 Ma Douleur, donne-moi la main ; viens par ici,

Loin d'eux. Vois se pencher les défuntes Années,
Sur les balcons du ciel, en robes surannées ;
11 Surgir du fond des eaux le Regret souriant ;

Le Soleil moribond s'endormir sous une arche,
Et, comme un long linceul traînant à l'Orient,
14 Entends, ma chère, entends la douce Nuit qui marche.

[VII]
Le Couvercle

En quelque lieu qu'il aille, ou sur mer ou sur terre,
Sous un climat de flamme ou sous un soleil blanc,
Serviteur de Jésus, courtisan de Cythère,
4   Mendiant ténébreux ou Crésus[1] rutilant,

Citadin, campagnard, vagabond, sédentaire,
Que son petit cerveau soit actif ou soit lent,
Partout l'homme subit la terreur du mystère,
8   Et ne regarde en haut qu'avec un œil tremblant.

En haut, le Ciel! ce mur de caveau qui l'étouffe,
Plafond illuminé pour un opéra bouffe
11   Où chaque histrion foule un sol ensanglanté;

Terreur du libertin, espoir du fol ermite;
Le Ciel! couvercle noir de la grande marmite
14   Où bout l'imperceptible et vaste Humanité.

---

1. Crésus: roi de Lydie (~561-~546 av. J.-C.) connu pour ses richesses.

[IX]
LE GOUFFRE

Pascal avait son gouffre, avec lui se mouvant.
— Hélas ! tout est abîme, — action, désir, rêve,
Parole ! et sur mon poil qui tout droit se relève
4 Mainte fois de la Peur je sens passer le vent.

En haut, en bas, partout, la profondeur, la grève,
Le silence, l'espace affreux et captivant…
Sur le fond de mes nuits Dieu de son doigt savant
8 Dessine un cauchemar multiforme et sans trêve.

J'ai peur du sommeil comme on a peur d'un grand trou,
Tout plein de vague horreur, menant on ne sait où ;
11 Je ne vois qu'infini par toutes les fenêtres,

Et mon esprit, toujours du vertige hanté,
Jalouse du néant l'insensibilité.
14 — Ah ! ne jamais sortir des Nombres et des Êtres !

LES ÉPAVES

I
LE COUCHER DU SOLEIL ROMANTIQUE

Que le Soleil est beau quand tout frais il se lève,
Comme une explosion nous lançant son bonjour !
— Bienheureux celui-là qui peut avec amour
4 Saluer son coucher plus glorieux qu'un rêve !

Je me souviens !… J'ai vu tout, fleur, source, sillon,
Se pâmer sous son œil comme un cœur qui palpite…
— Courons vers l'horizon, il est tard, courons vite,
8 Pour attraper au moins un oblique rayon !

Mais je poursuis en vain le Dieu qui se retire ;
L'irrésistible Nuit établit son empire,
11 Noire, humide, funeste et pleine de frissons ;

Une odeur de tombeau dans les ténèbres nage,
Et mon pied peureux froisse, au bord du marécage,
14 Des crapauds imprévus et de froids limaçons.

V
À CELLE QUI EST TROP GAIE

Ta tête, ton geste, ton air
Sont beaux comme un beau paysage;
Le rire joue en ton visage
4 Comme un vent frais dans un ciel clair.

Le passant chagrin que tu frôles
Est ébloui par la santé
Qui jaillit comme une clarté
8 De tes bras et de tes épaules.

Les retentissantes couleurs
Dont tu parsèmes tes toilettes
Jettent dans l'esprit des poètes
12 L'image d'un ballet de fleurs.

Ces robes folles sont l'emblème
De ton esprit bariolé;
Folle dont je suis affolé,
16 Je te hais autant que je t'aime!

Quelquefois dans un beau jardin
Où je traînais mon atonie,
J'ai senti, comme une ironie,
20 Le soleil déchirer mon sein;

Et le printemps et la verdure
Ont tant humilié mon cœur,
Que j'ai puni sur une fleur
24 L'insolence de la Nature.

Ainsi je voudrais, une nuit,
Quand l'heure des voluptés sonne,
Vers les trésors de ta personne,
28 Comme un lâche, ramper sans bruit,

Pour châtier ta chair joyeuse,
Pour meurtrir ton sein pardonné,
Et faire à ton flanc étonné
32 Une blessure large et creuse,

Et, vertigineuse douceur !
À travers ces lèvres nouvelles,
Plus éclatantes et plus belles,
36 T'infuser mon venin, ma sœur !

MADAME SABATIER.
TABLEAU D'ERNEST MEISSONIER.

COLLECTION PRIVÉE.

VI
Les Bijoux

La très chère était nue, et, connaissant mon cœur,
Elle n'avait gardé que ses bijoux sonores,
Dont le riche attirail lui donnait l'air vainqueur
4 Qu'ont dans leurs jours heureux les esclaves des Mores[1].

Quand il jette en dansant son bruit vif et moqueur,
Ce monde rayonnant de métal et de pierre
Me ravit en extase, et j'aime à la fureur
8 Les choses où le son se mêle à la lumière.

Elle était donc couchée et se laissait aimer,
Et du haut du divan elle souriait d'aise
À mon amour profond et doux comme la mer,
12 Qui vers elle montait comme vers sa falaise.

Les yeux fixés sur moi, comme un tigre dompté,
D'un air vague et rêveur elle essayait des poses,
Et la candeur unie à la lubricité
16 Donnait un charme neuf à ses métamorphoses ;

Et son bras et sa jambe, et sa cuisse et ses reins,
Polis comme de l'huile, onduleux comme un cygne,
Passaient devant mes yeux clairvoyants et sereins ;
20 Et son ventre et ses seins, ces grappes de ma vigne,

S'avançaient, plus câlins que les Anges du mal,
Pour troubler le repos où mon âme était mise,
Et pour la déranger du rocher de cristal
24 Où, calme et solitaire, elle s'était assise.

---

1. Mores : Arabes.

Je croyais voir unis par un nouveau dessin
Les hanches de l'Antiope[1] au buste d'un imberbe,
Tant sa taille faisait ressortir son bassin.
28 Sur ce teint fauve et brun le fard était superbe !

— Et la lampe s'étant résignée à mourir,
Comme le foyer seul illuminait la chambre,
Chaque fois qu'il poussait un flamboyant soupir,
32 Il inondait de sang cette peau couleur d'ambre !

Femme caressant un perroquet (1827).
Tableau d'Eugène Delacroix (1798-1863).

Musée des Beaux-Arts de Lyon, France.

© The Bridgeman Art Library.

---

1. Antiope : dans la mythologie grecque, fille du roi de Thèbes et reine des Amazones.

Conséquences funestes de cette volupté
intensité du plaisir des sens,

VII
LES MÉTAMORPHOSES DU VAMPIRE

Dénué de connotations positives

Le sang transforme la vie en mort et la séduction en infection

La femme cependant, de sa bouche de fraise, 12.
En se tordant ainsi qu'un serpent sur la braise, 12
Et pétrissant ses seins sur le fer de son busc, 12.
rime plate Laissait couler ces mots tout imprégnés de musc : 12.
5 — « Moi, j'ai la lèvre humide, et je sais la science
De perdre au fond d'un lit l'antique conscience.
Je sèche tous les pleurs sur mes seins triomphants,
Et fais rire les vieux du rire des enfants.
Je remplace, pour qui me voit nue et sans voiles,
10 La lune, le soleil, le ciel et les étoiles ! *sensuelle, sexuelle, ensorcelle.*
Je suis, ~~mon cher savant~~, si docte aux voluptés, *ironique*
Lorsque j'étouffe un homme en mes bras redoutés,
Ou lorsque j'abandonne aux morsures mon buste,
Timide et libertine, et fragile et robuste,
15 Que sur ces matelas qui se pâment d'émoi
Les anges impuissants se damneraient pour moi ! »

Après & voluptés avant

Quand elle eut de mes os sucé toute la mœlle,
Et que languissamment je me tournai vers elle
Pour lui rendre un baiser d'amour, je ne vis plus
20 Qu'une outre aux flancs gluants, toute pleine de pus !
Je fermai les deux yeux, dans ma froide épouvante,
Et quand je les rouvris à la clarté vivante,
À mes côtés, au lieu du mannequin puissant
Qui semblait avoir fait provision de sang,
25 Tremblaient confusément des débris de squelette, *ne reste que le fer...*
Qui d'eux-mêmes rendaient le cri d'une girouette
Ou d'une enseigne, au bout d'une tringle de fer,
Que balance le vent pendant les nuits d'hiver.

La sexualité triomphe sur la mort !
pour ne pas perdre son art... ?

Succ, voix : énergie : inspiration, force / = donc sa mort puisqu'il est poète. Peur de sa mort de poète

GALANTERIES

X
HYMNE

À la très chère, à la très belle
Qui remplit mon cœur de clarté,
À l'ange, à l'idole immortelle,
4   Salut en l'immortalité !

Elle se répand dans ma vie
Comme un air imprégné de sel,
Et dans mon âme inassouvie
8   Verse le goût de l'éternel.

Sachet toujours frais qui parfume
L'atmosphère d'un cher réduit,
Encensoir oublié qui fume
12   En secret à travers la nuit,

Comment, amour incorruptible,
T'exprimer avec vérité ?
Grain de musc qui gis, invisible,
16   Au fond de mon éternité !

À la très bonne, à la très belle,
Qui fait ma joie et ma santé,
À l'ange, à l'idole immortelle,
20   Salut en l'immortalité !

PROJET D'UN ÉPILOGUE POUR L'ÉDITION DE 1861

ÉPILOGUE

[I]

Le cœur content, je suis monté sur la montagne
D'où l'on peut contempler la ville en son ampleur,
3 Hôpital, lupanar, purgatoire, enfer, bagne,

Où toute énormité fleurit comme une fleur.
Tu sais bien, ô Satan, patron de ma détresse,
6 Que je n'allais pas là pour répandre un vain pleur ;

Mais, comme un vieux paillard d'une vieille maîtresse,
Je voulais m'enivrer de l'énorme catin,
9 Dont le charme infernal me rajeunit sans cesse.

Que tu dormes encor dans les draps du matin,
Lourde, obscure, enrhumée, ou que tu te pavanes
12 Dans les voiles du soir passementés d'or fin,

Je t'aime, ô capitale infâme ! Courtisanes
Et bandits, tels souvent vous offrez des plaisirs
15 Que ne comprennent pas les vulgaires profanes.

AUTOPORTRAIT DE BAUDELAIRE, VERS 1860.

MUSÉE DU LOUVRE, PARIS.

Le Spleen
de Paris
DE
CHARLES BAUDELAIRE

Choix de poèmes

Matinée d'hiver sur les quais (1883).
Tableau de Félix Buhot (1847-1898).

Collection S. P. Avery.

I
L'Étranger

« Qui aimes-tu le mieux, homme énigmatique, dis ? ton père, ta mère, ta sœur ou ton frère ?

— Je n'ai ni père, ni mère, ni sœur, ni frère.

— Tes amis ?

5   — Vous vous servez là d'une parole dont le sens m'est resté jusqu'à ce jour inconnu.

— Ta patrie ?

— J'ignore sous quelle latitude elle est située.

— La beauté ?

10 — Je l'aimerais volontiers, déesse et immortelle.

— L'or ?

— Je le hais comme vous haïssez Dieu.

— Eh ! qu'aimes-tu donc, extraordinaire étranger ?

— J'aime les nuages… les nuages qui passent… là-bas… là-bas…
15 les merveilleux nuages ! »

II
Le Désespoir de la vieille

La petite vieille ratatinée se sentit toute réjouie en voyant ce joli enfant à qui chacun faisait fête, à qui tout le monde voulait plaire ; ce joli être, si fragile comme elle, la petite vieille, et, comme elle aussi, sans dents et sans cheveux.

5   Et elle s'approcha de lui, voulant lui faire des risettes et des mines agréables.

Mais l'enfant épouvanté se débattait sous les caresses de la bonne femme décrépite, et remplissait la maison de ses glapissements.

Alors la bonne vieille se retira dans sa solitude éternelle, et elle
10 pleurait dans un coin, se disant : — « Ah ! pour nous, malheureuses
vieilles femelles, l'âge est passé de plaire, même aux innocents ; et
nous faisons horreur aux petits enfants que nous voulons aimer ! »

V

La Chambre double

Une chambre qui ressemble à une rêverie, une chambre véritablement *spirituelle,* où l'atmosphère stagnante est légèrement teintée de
rose et de bleu.

L'âme y prend un bain de paresse, aromatisé par le regret et le désir.
5 — C'est quelque chose de crépusculaire, de bleuâtre et de rosâtre ; un
rêve de volupté pendant une éclipse.

Les meubles ont des formes allongées, prostrées, alanguies. Les meubles ont l'air de rêver ; on les dirait doués d'une vie somnambu-
lique, comme le végétal et le minéral. Les étoffes parlent une langue
10 muette, comme les fleurs, comme les ciels, comme les soleils couchants.

Sur les murs nulle abomination artistique. Relativement au rêve pur,
à l'impression non analysée, l'art défini, l'art positif est un blasphème.
Ici, tout a la suffisante clarté et la délicieuse obscurité de l'harmonie.

Une senteur infinitésimale du choix le plus exquis, à laquelle se
15 mêle une très légère humidité, nage dans cette atmosphère, où l'esprit
sommeillant est bercé par des sensations de serre chaude.

La mousseline pleut abondamment devant les fenêtres et devant le
lit ; elle s'épanche en cascades neigeuses. Sur ce lit est couchée l'Idole,
la souveraine des rêves. Mais comment est-elle ici ? Qui l'a amenée ?
20 quel pouvoir magique l'a installée sur ce trône de rêverie et de
volupté ? Qu'importe ? la voilà ! je la reconnais.

Voilà bien ces yeux dont la flamme traverse le crépuscule ; ces sub-
tiles et terribles *mirettes,* que je reconnais à leur effrayante malice !

Elles attirent, elles subjuguent, elles dévorent le regard de l'imprudent
25 qui les contemple. Je les ai souvent étudiées, ces étoiles noires qui
commandent la curiosité et l'admiration.

À quel démon bienveillant dois-je d'être ainsi entouré de mystère,
de silence, de paix et de parfums ? Ô béatitude ! ce que nous nommons
généralement la vie, même dans son expansion la plus heureuse, n'a
30 rien de commun avec cette vie suprême dont j'ai maintenant connaissance et que je savoure minute par minute, seconde par seconde !

Non ! il n'est plus de minutes, il n'est plus de secondes ! Le temps a
disparu ; c'est l'Éternité qui règne, une éternité de délices !

Mais un coup terrible, lourd, a retenti à la porte, et, comme dans
35 les rêves infernaux, il m'a semblé que je recevais un coup de pioche
dans l'estomac.

Et puis un Spectre est entré. C'est un huissier qui vient me torturer
au nom de la loi ; une infâme concubine qui vient crier misère et
ajouter les trivialités de sa vie aux douleurs de la mienne ; ou bien
40 le saute-ruisseau d'un directeur de journal qui réclame la suite
du manuscrit.

La chambre paradisiaque, l'idole, la souveraine des rêves, la
Sylphide[1], comme disait le grand René, toute cette magie a disparu au
coup brutal frappé par le Spectre.

45 Horreur ! je me souviens ! je me souviens ! Oui ! ce taudis, ce séjour
de l'éternel ennui, est bien le mien. Voici les meubles sots, poudreux,
écornés ; la cheminée sans flamme et sans braise, souillée de crachats ;
les tristes fenêtres où la pluie a tracé des sillons dans la poussière ; les
manuscrits, raturés ou incomplets ; l'almanach où le crayon a marqué
50 les dates sinistres !

Et ce parfum d'un autre monde, dont je m'enivrais avec une sensibilité perfectionnée, hélas ! il est remplacé par une fétide odeur de
tabac mêlée à je ne sais quelle nauséabonde moisissure. On respire ici
maintenant le ranci de la désolation.

55 Dans ce monde étroit, mais si plein de dégoût, un seul objet connu
me sourit : la fiole de laudanum ; une vieille et terrible amie ; comme
toutes les amies, hélas ! féconde en caresses et en traîtrises.

---

1. Sylphide : François-René de Chateaubriand (1768-1848) nommait ainsi la fille de 16 ans qu'il
se plaisait à imaginer alors qu'il était jeune.

Oh! oui! le Temps a reparu; le Temps règne en souverain maintenant; et avec le hideux vieillard est revenu tout son démoniaque cor-
60 tège de Souvenirs, de Regrets, de Spasmes, de Peurs, d'Angoisses, de
Cauchemars, de Colères et de Névroses.

Je vous assure que les secondes maintenant sont fortement et
solennellement accentuées, et chacune, en jaillissant de la pendule,
dit : — « Je suis la Vie, l'insupportable, l'implacable Vie ! »
65   Il n'y a qu'une Seconde dans la vie humaine qui ait mission d'an-
noncer une bonne nouvelle, la *bonne nouvelle* qui cause à chacun une
inexplicable peur.

Oui! le Temps règne; il a repris sa brutale dictature. Et il me
pousse, comme si j'étais un bœuf, avec son double aiguillon. — « Et
70 hue donc! bourrique! Sue donc, esclave! Vis donc, damné! »

VI
CHACUN SA CHIMÈRE

Sous un grand ciel gris, dans une grande plaine poudreuse, sans
chemins, sans gazon, sans un chardon, sans une ortie, je rencontrai
plusieurs hommes qui marchaient courbés.

Chacun d'eux portait sur son dos une énorme Chimère, aussi
5 lourde qu'un sac de farine ou de charbon, ou le fourniment d'un fan-
tassin romain.

Mais la monstrueuse bête n'était pas un poids inerte; au contraire,
elle enveloppait et opprimait l'homme de ses muscles élastiques et
puissants; elle s'agrafait avec ses deux vastes griffes à la poitrine de sa
10 monture; et sa tête fabuleuse surmontait le front de l'homme, comme
un de ces casques horribles par lesquels les anciens guerriers espé-
raient ajouter à la terreur de l'ennemi.

Je questionnai l'un de ces hommes, et je lui demandai où ils
allaient ainsi. Il me répondit qu'il n'en savait rien, ni lui, ni les autres;
15 mais qu'évidemment ils allaient quelque part, puisqu'ils étaient
poussés par un invincible besoin de marcher.

Chose curieuse à noter : aucun de ces voyageurs n'avait l'air irrité contre la bête féroce suspendue à son cou et collée à son dos ; on eût dit qu'il la considérait comme faisant partie de lui-même. Tous ces
20 visages fatigués et sérieux ne témoignaient d'aucun désespoir ; sous la coupole spleenétique du ciel, les pieds plongés dans la poussière d'un sol aussi désolé que ce ciel, ils cheminaient avec la physionomie résignée de ceux qui sont condamnés à espérer toujours.

Et le cortège passa à côté de moi et s'enfonça dans l'atmosphère de
25 l'horizon, à l'endroit où la surface arrondie de la planète se dérobe à la curiosité du regard humain.

Et pendant quelques instants je m'obstinai à vouloir comprendre ce mystère ; mais bientôt l'irrésistible Indifférence s'abattit sur moi, et j'en fus plus lourdement accablé qu'ils ne l'étaient eux-mêmes par
30 leurs écrasantes Chimères.

VIII
Le Chien et le Flacon

« — Mon beau chien, mon bon chien, mon cher toutou, approchez et venez respirer un excellent parfum acheté chez le meilleur parfumeur de la ville. »

Et le chien, en frétillant de la queue, ce qui est, je crois, chez ces
5 pauvres êtres, le signe correspondant du rire et du sourire, s'approche et pose curieusement son nez humide sur le flacon débouché ; puis, reculant soudainement avec effroi, il aboie contre moi, en manière de reproche.

« — Ah ! misérable chien, si je vous avais offert un paquet d'excré-
10 ments, vous l'auriez flairé avec délices et peut-être dévoré. Ainsi, vous-même, indigne compagnon de ma triste vie, vous ressemblez au public, à qui il ne faut jamais présenter des parfums délicats qui l'exaspèrent, mais des ordures soigneusement choisies. »

IX
Le Mauvais Vitrier

Il y a des natures purement contemplatives et tout à fait impropres à l'action, qui cependant, sous une impulsion mystérieuse et inconnue, agissent quelquefois avec une rapidité dont elles se seraient crues elles-mêmes incapables.

5 Tel qui, craignant de trouver chez son concierge une nouvelle chagrinante, rôde lâchement une heure devant sa porte sans oser rentrer, tel qui garde quinze jours une lettre sans la décacheter, ou ne se résigne qu'au bout de six mois à opérer une démarche nécessaire depuis un an, se sentent quelquefois brusquement précipités vers l'ac10 tion par une force irrésistible, comme la flèche d'un arc. Le moraliste et le médecin, qui prétendent tout savoir, ne peuvent pas expliquer d'où vient si subitement une si folle énergie à ces âmes paresseuses et voluptueuses, et comment, incapables d'accomplir les choses les plus simples et les plus nécessaires, elles trouvent à une certaine minute un 15 courage de luxe pour exécuter les actes les plus absurdes et souvent même les plus dangereux.

Un de mes amis, le plus inoffensif rêveur qui ait existé, a mis une fois le feu à une forêt pour voir, disait-il, si le feu prenait avec autant de facilité qu'on l'affirme généralement. Dix fois de suite, l'expérience 20 manqua; mais, à la onzième, elle réussit beaucoup trop bien.

Un autre allumera un cigare à côté d'un tonneau de poudre, *pour voir, pour savoir, pour tenter la destinée,* pour se contraindre lui-même à faire preuve d'énergie, pour faire le joueur, pour connaître les plaisirs de l'anxiété, pour rien, par caprice, par désœuvrement.

25 C'est une espèce d'énergie qui jaillit de l'ennui et de la rêverie; et ceux en qui elle se manifeste si inopinément sont, en général, comme je l'ai dit, les plus indolents et les plus rêveurs des êtres.

Un autre, timide à ce point qu'il baisse les yeux même devant les regards des hommes, à ce point qu'il lui faut rassembler toute sa 30 pauvre volonté pour entrer dans un café ou passer devant le bureau d'un théâtre, où les contrôleurs lui paraissent investis de la majesté de

Minos, d'Éaque et de Rhadamante[1], sautera brusquement au cou d'un vieillard qui passe à côté de lui et l'embrassera avec enthousiasme devant la foule étonnée.

35   Pourquoi ? Parce que… parce que cette physionomie lui était irrésistiblement sympathique ? Peut-être ; mais il est plus légitime de supposer que lui-même il ne sait pas pourquoi.

J'ai été plus d'une fois victime de ces crises et de ces élans, qui nous autorisent à croire que des Démons malicieux se glissent en nous et
40   nous font accomplir, à notre insu, leurs plus absurdes volontés.

Un matin je m'étais levé maussade, triste, fatigué d'oisiveté, et poussé, me semblait-il, à faire quelque chose de grand, une action d'éclat ; et j'ouvris la fenêtre, hélas !

(Observez, je vous prie, que l'esprit de mystification qui, chez quel-
45   ques personnes, n'est pas le résultat d'un travail ou d'une combinaison, mais d'une inspiration fortuite, participe beaucoup, ne fût-ce que par l'ardeur du désir, de cette humeur, hystérique selon les médecins, satanique selon ceux qui pensent un peu mieux que les médecins, qui nous pousse sans résistance vers une foule d'actions dangereuses
50   ou inconvenantes.)

La première personne que j'aperçus dans la rue, ce fut un vitrier dont le cri perçant, discordant, monta jusqu'à moi à travers la lourde et sale atmosphère parisienne. Il me serait d'ailleurs impossible de dire pourquoi je fus pris à l'égard de ce pauvre homme d'une haine
55   aussi soudaine que despotique.

« — Hé ! hé ! » et je lui criai de monter. Cependant je réfléchissais, non sans quelque gaieté, que, la chambre étant au sixième étage et l'escalier fort étroit, l'homme devait éprouver quelque peine à opérer son ascension et accrocher en maint endroit les angles de sa
60   fragile marchandise.

Enfin il parut : j'examinai curieusement toutes ses vitres, et je lui dis : « Comment ? vous n'avez pas de verres de couleur ? des verres roses, rouges, bleus, des vitres magiques, des vitres de paradis ? Impudent que vous êtes ! vous osez vous promener dans des quartiers pauvres, et vous
65   n'avez pas même de vitres qui fassent voir la vie en beau ! » Et je le poussai vivement vers l'escalier, où il trébucha en grognant.

---

1. Minos, Éaque et Rhadamante sont les juges des Enfers.

Je m'approchai du balcon et je me saisis d'un petit pot de fleurs, et
quand l'homme reparut au débouché de la porte, le laissai tomber
perpendiculairement mon engin de guerre sur le rebord postérieur de
70 ses crochets; et le choc le renversant, il acheva de briser sous son dos
toute sa pauvre fortune ambulatoire qui rendit le bruit éclatant d'un
palais de cristal crevé par la foudre.

Et, ivre de ma folie, je lui criai furieusement: «La vie en beau! la
vie en beau!»

75 Ces plaisanteries nerveuses ne sont pas sans péril, et on peut souvent les payer cher. Mais qu'importe l'éternité de la damnation à qui
a trouvé dans une seconde l'infini de la jouissance?

XI
La Femme sauvage et la Petite-maîtresse

«Vraiment, ma chère, vous me fatiguez sans mesure et sans pitié;
on dirait, à vous entendre soupirer, que vous souffrez plus que les gla-
neuses sexagénaires et que les vieilles mendiantes qui ramassent des
croûtes de pain à la porte des cabarets.

5   «Si au moins vos soupirs exprimaient le remords, ils vous feraient
quelque honneur; mais ils ne traduisent que la satiété du bien-être et
l'accablement du repos. Et puis, vous ne cessez de vous répandre en
paroles inutiles: "Aimez-moi bien! j'en ai tant besoin! Consolez-moi
par-ci, caressez-moi par-là!" Tenez, je veux essayer de vous guérir;
10 nous en trouverons peut-être le moyen, pour deux sols, au milieu
d'une fête, et sans aller bien loin.

«Considérons bien, je vous prie, cette solide cage de fer derrière
laquelle s'agite, hurlant comme un damné, secouant les barreaux
comme un orang-outang exaspéré par l'exil, imitant, dans la perfec-
15 tion, tantôt les bonds circulaires du tigre, tantôt les dandinements
stupides de l'ours blanc, ce monstre poilu dont la forme imite assez
vaguement la vôtre.

« Ce monstre est un de ces animaux qu'on appelle généralement
"mon ange !" c'est-à-dire une femme. L'autre monstre, celui qui crie à
20 tue-tête, un bâton à la main, est un mari. Il a enchaîné sa femme légitime comme une bête, et il la montre dans les faubourgs, les jours de
foire, avec permission des magistrats, cela va sans dire.

« Faites bien attention ! Voyez avec quelle voracité (non simulée
peut-être !) elle déchire des lapins vivants et des volailles piaillantes
25 que lui jette son cornac[1]. "Allons, dit-il, il ne faut pas manger tout son
bien en un jour," et, sur cette sage parole, il lui arrache cruellement la
proie, dont les boyaux dévidés restent un instant accrochés aux dents
de la bête féroce, de la femme, veux-je dire.

« Allons ! un bon coup de bâton pour la calmer ! car elle darde des
30 yeux terribles de convoitise sur la nourriture enlevée. Grand Dieu ! le
bâton n'est pas un bâton de comédie, avez-vous entendu résonner la
chair, malgré le poil postiche ? Aussi les yeux lui sortent maintenant
de la tête, elle hurle *plus naturellement*. Dans sa rage, elle étincelle tout
entière, comme le fer qu'on bat.

35 « Telles sont les mœurs conjugales de ces deux descendants d'Ève
et d'Adam, ces œuvres de vos mains, ô mon Dieu ! Cette femme est
incontestablement malheureuse, quoique après tout, peut-être, les
jouissances titillantes de la gloire ne lui soient pas inconnues. Il y a
des malheurs plus irrémédiables, et sans compensation. Mais dans le
40 monde où elle a été jetée, elle n'a jamais pu croire que la femme
méritât une autre destinée.

« Maintenant, à nous deux, chère précieuse ! À voir les enfers dont
le monde est peuplé, que voulez-vous que je pense de votre joli enfer,
vous qui ne reposez que sur des étoffes aussi douces que votre peau,
45 qui ne mangez que de la viande cuite, et pour qui un domestique
habile prend soin de découper les morceaux ?

« Et que peuvent signifier pour moi tous ces petits soupirs qui
gonflent votre poitrine parfumée, robuste coquette ? Et toutes ces
affectations apprises dans les livres, et cette infatigable mélancolie,
50 faite pour inspirer au spectateur un tout autre sentiment que la pitié ?

------

1. Cornac : guide.

En vérité, il me prend quelquefois envie de vous apprendre ce que c'est que le vrai malheur.

« À vous voir ainsi, ma belle délicate, les pieds dans la fange et les yeux tournés vaporeusement vers le ciel, comme pour lui demander 55 un roi, on dirait vraisemblablement une jeune grenouille qui invoquerait l'idéal. Si vous méprisez le soliveau (ce que je suis maintenant, comme vous savez bien), gare la grue *qui vous croquera, vous gobera et vous tuera à son plaisir!*

« Tant poète que je sois, je ne suis pas aussi dupe que vous voudriez 60 le croire, et si vous me fatiguez trop souvent de vos *précieuses* pleurnicheries, je vous traiterai en *femme sauvage,* ou je vous jetterai par la fenêtre, comme une bouteille vide. »

XIII
LES VEUVES

Vauvenargues[1] dit que dans les jardins publics il est des allées hantées principalement par l'ambition déçue, par les inventeurs malheureux, par les gloires avortées, par les cœurs brisés, par toutes ces âmes tumultueuses et fermées, en qui grondent encore les derniers soupirs 5 d'un orage, et qui reculent loin du regard insolent des joyeux et des oisifs. Ces retraites ombreuses sont les rendez-vous des éclopés de la vie.

C'est surtout vers ces lieux que le poète et le philosophe aiment diriger leurs avides conjectures. Il y a là une pâture certaine. Car s'il est une place qu'ils dédaignent de visiter, comme je l'insinuais tout à 10 l'heure, c'est surtout la joie des riches. Cette turbulence dans le vide n'a rien qui les attire. Au contraire, ils se sentent irrésistiblement entraînés vers tout ce qui est faible, ruiné, contristé, orphelin.

Un œil expérimenté ne s'y trompe jamais. Dans ces traits rigides ou abattus, dans ces yeux caves et ternes, ou brillants des derniers 15 éclairs de la lutte, dans ces rides profondes et nombreuses, dans ces

---

1. Vauvenargues : marquis de Vauvenargues (1715-1747). Le texte dont il est question s'intitule « Sur les misères cachées ».

démarches si lentes ou si saccadées, il déchiffre tout de suite les innombrables légendes de l'amour trompé, du dévouement méconnu, des efforts non récompensés, de la faim et du froid humblement, silencieusement supportés.

20   Avez-vous quelquefois aperçu des veuves sur ces bancs solitaires, des veuves pauvres ? Qu'elles soient en deuil ou non, il est facile de les reconnaître. D'ailleurs il y a toujours dans le deuil du pauvre quelque chose qui manque, une absence d'harmonie qui le rend plus navrant. Il est contraint de lésiner sur sa douleur. Le riche porte la sienne au
25 grand complet.

Quelle est la veuve la plus triste et la plus attristante, celle qui traîne à sa main un bambin avec qui elle ne peut pas partager sa rêverie, ou celle qui est tout à fait seule ? Je ne sais… Il m'est arrivé une fois de suivre pendant de longues heures une vieille affligée de
30 cette espèce ; celle-là roide, droite, sous un petit châle usé, portait dans tout son être une fierté de stoïcienne [1].

Elle était évidemment condamnée, par une absolue solitude, à des habitudes de vieux célibataire, et le caractère masculin de ses mœurs ajoutait un piquant mystérieux à leur austérité. Je ne sais dans quel
35 misérable café et de quelle façon elle déjeuna. Je la suivis au cabinet de lecture ; et je l'épiai longtemps pendant qu'elle cherchait dans les gazettes, avec des yeux actifs, jadis brûlés par les larmes, des nouvelles d'un intérêt puissant et personnel.

Enfin, dans l'après-midi, sous un ciel d'automne charmant, un de
40 ces ciels d'où descendent en foule les regrets et les souvenirs, elle s'assit à l'écart dans un jardin, pour entendre, loin de la foule, un de ces concerts dont la musique des régiments gratifie le peuple parisien.

C'était sans doute là la petite débauche de cette vieille innocente (ou de cette vieille purifiée), la consolation bien gagnée d'une de ces
45 lourdes journées sans ami, sans causerie, sans joie, sans confident, que Dieu laissait tomber sur elle, depuis bien des ans peut-être ! trois cent soixante-cinq fois par an.

Une autre encore :

Je ne puis jamais m'empêcher de jeter un regard, sinon universel-
50 lement sympathique, au moins curieux, sur la foule de parias [2] qui se

---

1. Stoïcienne : disciple de Zénon. Indifférente devant les troubles de la sensibilité.
2. Parias : personnes que l'on méprise.

pressent autour de l'enceinte d'un concert public. L'orchestre jette à travers la nuit des chants de fête, de triomphe ou de volupté. Les robes traînent en miroitant; les regards se croisent; les oisifs, fatigués de n'avoir rien fait, se dandinent, feignant de déguster indolemment la
55 musique. Ici rien que de riche, d'heureux; rien qui ne respire et n'inspire l'insouciance et le plaisir de se laisser vivre; rien, excepté l'aspect de cette tourbe qui s'appuie là-bas sur la barrière extérieure, attrapant gratis, au gré du vent, un lambeau de musique, et regardant l'étincelante fournaise intérieure.

60   C'est toujours chose intéressante que ce reflet de la joie du riche au fond de l'œil du pauvre. Mais ce jour-là, à travers ce peuple vêtu de blouses et d'indienne, j'aperçus un être dont la noblesse faisait un éclatant contraste avec toute la trivialité environnante.

C'était une femme grande, majestueuse, et si noble dans tout son
65 air, que je n'ai pas souvenir d'avoir vu sa pareille dans les collections des aristocratiques beautés du passé. Un parfum de hautaine vertu émanait de toute sa personne. Son visage, triste et amaigri, était en parfaite accordance avec le grand deuil dont elle était revêtue. Elle aussi, comme la plèbe à laquelle elle s'était mêlée et qu'elle ne voyait
70 pas, elle regardait le monde lumineux avec un œil profond, et elle écoutait en hochant doucement la tête.

Singulière vision! « À coup sûr, me dis-je, cette pauvreté-là, si pauvreté il y a, ne doit pas admettre l'économie sordide; un si noble visage m'en répond. Pourquoi donc reste-t-elle volontairement dans
75 un milieu où elle fait une tache si éclatante? »

Mais en passant curieusement auprès d'elle, je crus en deviner la raison. La grande veuve tenait par la main un enfant comme elle vêtu de noir; si modique que fût le prix d'entrée, ce prix suffisait peut-être pour payer un des besoins du petit être, mieux encore, une
80 superfluité, un jouet.

Et elle sera rentrée à pied, méditant et rêvant, seule, toujours seule; car l'enfant est turbulent, égoïste, sans douceur et sans patience; et il ne peut même pas, comme le pur animal, comme le chien et le chat, servir de confident aux douleurs solitaires.

XVI
L'Horloge

Les Chinois voient l'heure dans l'œil des chats.

Un jour un missionnaire, se promenant dans la banlieue de Nankin, s'aperçut qu'il avait oublié sa montre, et demanda à un petit garçon quelle heure il était.

5   Le gamin du céleste Empire hésita d'abord; puis, se ravisant, il répondit : « Je vais vous le dire. » Peu d'instants après, il reparut, tenant dans ses bras un fort gros chat, et le regardant, comme on dit, dans le blanc des yeux, il affirma sans hésiter : « Il n'est pas encore tout à fait midi. » Ce qui était vrai.

10   Pour moi, si je me penche vers la belle Féline, la si bien nommée, qui est à la fois l'honneur de son sexe, l'orgueil de mon cœur et le parfum de mon esprit, que ce soit la nuit, que ce soit le jour, dans la pleine lumière ou dans l'ombre opaque, au fond de ses yeux adorables je vois toujours l'heure distinctement, toujours la même, une heure

15   vaste, solennelle, grande comme l'espace, sans divisions de minutes ni de secondes, — une heure immobile qui n'est pas marquée sur les horloges, et cependant légère comme un soupir, rapide comme un coup d'œil.

Et si quelque importun venait me déranger pendant que mon

20   regard repose sur ce délicieux cadran, si quelque Génie malhonnête et intolérant, quelque Démon du contretemps venait me dire : « Que regardes-tu là avec tant de soin ? Que cherches-tu dans les yeux de cet être ? Y vois-tu l'heure, mortel prodigue et fainéant ? » je répondrais sans hésiter : « Oui, je vois l'heure ; il est l'Éternité ! »

25   N'est-ce pas, madame, que voici un madrigal vraiment méritoire, et aussi emphatique que vous-même ? En vérité, j'ai eu tant de plaisir à broder cette prétentieuse galanterie, que je ne vous demanderai rien en échange.

XVII
Un Hémisphère dans une chevelure

Laisse-moi respirer longtemps, longtemps, l'odeur de tes cheveux, y plonger tout mon visage, comme un homme altéré dans l'eau d'une source, et les agiter avec ma main comme un mouchoir odorant, pour secouer des souvenirs dans l'air.

5   Si tu pouvais savoir tout ce que je vois! tout ce que je sens! tout ce que j'entends dans tes cheveux! Mon âme voyage sur le parfum comme l'âme des autres hommes sur la musique.

Tes cheveux contiennent tout un rêve, plein de voilures et de mâtures; ils contiennent de grandes mers dont les moussons me por-
10   tent vers de charmants climats, où l'espace est plus bleu et plus pro-fond, où l'atmosphère est parfumée par les fruits, par les feuilles et par la peau humaine.

Dans l'océan de ta chevelure, j'entrevois un port fourmillant de chants mélancoliques, d'hommes vigoureux de toutes nations et
15   de navires de toutes formes découpant leurs architectures fines et compliquées sur un ciel immense où se prélasse l'éternelle chaleur.

Dans les caresses de ta chevelure, je retrouve les langueurs des longues heures passées sur un divan, dans la chambre d'un beau navire, bercées par le roulis imperceptible du port, entre les pots de
20   fleurs et les gargoulettes[1] rafraîchissantes.

Dans l'ardent foyer de ta chevelure, je respire l'odeur du tabac mêlé à l'opium et au sucre; dans la nuit de ta chevelure, je vois resplendir l'infini de l'azur tropical; sur les rivages duvetés de ta chevelure je m'en-ivre des odeurs combinées du goudron, du musc et de l'huile de coco.

25   Laisse-moi mordre longtemps tes tresses lourdes et noires. Quand je mordille tes cheveux élastiques et rebelles, il me semble que je mange des souvenirs.

---

1. Gargoulettes: selon Littré, « petit vase de terre poreuse propre à rafraîchir l'eau ».

XVIII
L'INVITATION AU VOYAGE

Il est un pays superbe, un pays de Cocagne, dit-on, que je rêve de visiter avec une vieille amie. Pays singulier, noyé dans les brumes de notre Nord, et qu'on pourrait appeler l'Orient de l'Occident, la Chine de l'Europe, tant la chaude et capricieuse fantaisie s'y est donné
5 carrière, tant elle l'a patiemment et opiniâtrement illustré de ses savantes et délicates végétations.

Un vrai pays de Cocagne, où tout est beau, riche, tranquille, honnête ; où le luxe a plaisir à se mirer dans l'ordre ; où la vie est grasse et douce à respirer ; d'où le désordre, la turbulence et l'imprévu sont
10 exclus ; où le bonheur est marié au silence ; où la cuisine elle-même est poétique, grasse et excitante à la fois ; où tout vous ressemble, mon cher ange.

Tu connais cette maladie fiévreuse qui s'empare de nous dans les froides misères, cette nostalgie du pays qu'on ignore, cette angoisse de
15 la curiosité ? Il est une contrée qui te ressemble, où tout est beau, riche, tranquille et honnête, où la fantaisie a bâti et décoré une Chine occidentale, où la vie est douce à respirer, où le bonheur est marié au silence. C'est là qu'il faut aller vivre, c'est là qu'il faut aller mourir !

Oui, c'est là qu'il faut aller respirer, rêver et allonger les heures par
20 l'infini des sensations. Un musicien a écrit l'*Invitation à la valse* ; quel est celui qui composera l'*Invitation au voyage*, qu'on puisse offrir à la femme aimée, à la sœur d'élection ?

Oui, c'est dans cette atmosphère qu'il ferait bon vivre, — là-bas, où les heures plus lentes contiennent plus de pensées, où les horloges son-
25 nent le bonheur avec une plus profonde et plus significative solennité.

Sur des panneaux luisants, ou sur des cuirs dorés et d'une richesse sombre, vivent discrètement des peintures béates, calmes et profondes, comme les âmes des artistes qui les créèrent. Les soleils couchants, qui colorent si richement la salle à manger ou le salon, sont
30 tamisés par de belles étoffes ou par ces hautes fenêtres ouvragées que le plomb divise en nombreux compartiments. Les meubles sont vastes, curieux, bizarres, armés de serrures et de secrets comme des

âmes raffinées. Les miroirs, les métaux, les étoffes, l'orfèvrerie et la
faïence y jouent pour les yeux une symphonie muette et mystérieuse ;
35 et de toutes choses, de tous les coins, des fissures des tiroirs et des plis
des étoffes s'échappe un parfum singulier, un *revenez-y* de Sumatra[1],
qui est comme l'âme de l'appartement.

Un vrai pays de Cocagne, te dis-je, où tout est riche, propre et lui-
sant, comme une belle conscience, comme une magnifique batterie de
40 cuisine, comme une splendide orfèvrerie, comme une bijouterie
bariolée ! Les trésors du monde y affluent, comme dans la maison
d'un homme laborieux et qui a bien mérité du monde entier. Pays
singulier, supérieur aux autres, comme l'Art l'est à la Nature, où celle-
ci est réformée par le rêve, où elle est corrigée, embellie, refondue.

45 Qu'ils cherchent, qu'ils cherchent encore, qu'ils reculent sans cesse
les limites de leur bonheur, ces alchimistes de l'horticulture ! Qu'ils
proposent des prix de soixante et de cent mille florins pour qui
résoudra leurs ambitieux problèmes ! Moi, j'ai trouvé ma *tulipe noire*
et mon *dahlia bleu !*

50 Fleur incomparable, tulipe retrouvée, allégorique dahlia, c'est là,
n'est-ce pas, dans ce beau pays si calme et si rêveur, qu'il faudrait aller
vivre et fleurir ? Ne serais-tu pas encadrée dans ton analogie, et ne
pourrais-tu pas te mirer, pour parler comme les mystiques, dans ta
propre *correspondance* ?

55 Des rêves ! toujours des rêves ! et plus l'âme est ambitieuse et délicate, plus les rêves l'éloignent du possible. Chaque homme porte en lui
sa dose d'opium naturel, incessamment sécrétée et renouvelée, et, de la
naissance à la mort, combien comptons-nous d'heures remplies par
la jouissance positive, par l'action réussie et décidée ? Vivrons-nous
60 jamais, passerons-nous jamais dans ce tableau qu'a peint mon esprit,
ce tableau qui te ressemble ?

Ces trésors, ces meubles, ce luxe, cet ordre, ces parfums, ces fleurs
miraculeuses, c'est toi. C'est encore toi, ces grands fleuves et ces
canaux tranquilles. Ces énormes navires qu'ils charrient, tout chargés
65 de richesses, et d'où montent les chants monotones de la manœuvre,
ce sont mes pensées qui dorment ou qui roulent sur ton sein. Tu les
conduis doucement vers la mer qui est l'Infini, tout en réfléchissant

---

1. Sumatra : la plus grande des îles de l'Indonésie.

les profondeurs du ciel dans la limpidité de ta belle âme ; — et quand,
fatigués par la houle et gorgés des produits de l'Orient, ils rentrent au
70 port natal, ce sont encore mes pensées enrichies qui reviennent de
l'Infini vers toi.

XIX
Le Joujou du pauvre

Je veux donner l'idée d'un divertissement innocent. Il y a si peu
d'amusements qui ne soient pas coupables !

Quand vous sortirez le matin avec l'intention décidée de flâner sur
les grandes routes, remplissez vos poches de petites inventions à un
5 sol, — telles que le polichinelle plat mû par un seul fil, les forgerons
qui battent l'enclume, le cavalier et son cheval dont la queue est un
sifflet, — et le long des cabarets, au pied des arbres, faites-en hom-
mage aux enfants inconnus et pauvres que vous rencontrerez. Vous
verrez leurs yeux s'agrandir démesurément. D'abord ils n'oseront pas
10 prendre ; ils douteront de leur bonheur. Puis leurs mains agripperont
vivement le cadeau, et ils s'enfuiront comme font les chats qui vont
manger loin de vous le morceau que vous leur avez donné, ayant
appris à se défier de l'homme.

Sur une route, derrière la grille d'un vaste jardin, au bout duquel
15 apparaissait la blancheur d'un joli château frappé par le soleil, se
tenait un enfant beau et frais, habillé de ces vêtements de campagne
si pleins de coquetterie.

Le luxe, l'insouciance et le spectacle habituel de la richesse, rendent
ces enfants-là si jolis, qu'on les croirait faits d'une autre pâte que les
20 enfants de la médiocrité ou de la pauvreté.

À côté de lui, gisait sur l'herbe un joujou splendide, aussi frais
que son maître, verni, doré, vêtu d'une robe pourpre, et couvert de

plumets et de verroteries. Mais l'enfant ne s'occupait pas de son joujou préféré, et voici ce qu'il regardait:

25   De l'autre côté de la grille, sur la route, entre les chardons et les orties, il y avait un autre enfant, sale, chétif, fuligineux[1], un de ces marmots-parias[2] dont un œil impartial découvrirait la beauté, si, comme l'œil du connaisseur devine une peinture idéale sous un vernis de carrossier, il le nettoyait de la répugnante patine de la misère.

30   À travers ces barreaux symboliques séparant deux mondes, la grande route et le château, l'enfant pauvre montrait à l'enfant riche son propre joujou, que celui-ci examinait avidement comme un objet rare et inconnu. Or, ce joujou, que le petit souillon agaçait, agitait et secouait dans une boîte grillée, c'était un rat vivant ! Les parents, par
35 économie sans doute, avaient tiré le joujou de la vie elle-même.

Et les deux enfants se riaient l'un à l'autre fraternellement, avec des dents d'une *égale* blancheur.

XXII
Le Crépuscule du soir

Le jour tombe. Un grand apaisement se fait dans les pauvres esprits fatigués du labeur de la journée ; et leurs pensées prennent maintenant les couleurs tendres et indécises du crépuscule.

Cependant du haut de la montagne arrive à mon balcon, à travers
5 les nues transparentes du soir, un grand hurlement, composé d'une foule de cris discordants, que l'espace transforme en une lugubre harmonie, comme celle de la marée qui monte ou d'une tempête qui s'éveille.

Quels sont les infortunés que le soir ne calme pas, et qui pren-
10 nent, comme les hiboux, la venue de la nuit pour un signal de sabbat ? Cette sinistre ululation nous arrive du noir hospice perché

---

1. Fuligineux : noir.
2. Marmots-parias : enfants que l'on méprise.

sur la montagne ; et, le soir, en fumant et en contemplant le repos de l'immense vallée, hérissée de maisons dont chaque fenêtre dit : « C'est ici la paix maintenant ; c'est ici la joie de la famille ! » je puis, quand le vent souffle de là-haut, bercer ma pensée étonnée à cette imitation des harmonies de l'enfer.

Le crépuscule excite les fous. — Je me souviens que j'ai eu deux amis que le crépuscule rendait tout malades. L'un méconnaissait alors tous les rapports d'amitié et de politesse, et maltraitait, comme un sauvage, le premier venu. Je l'ai vu jeter à la tête d'un maître d'hôtel un excellent poulet, dans lequel il croyait voir je ne sais quel insultant hiéroglyphe. Le soir, précurseur des voluptés profondes, lui gâtait les choses les plus succulentes.

L'autre, un ambitieux blessé, devenait, à mesure que le jour baissait, plus aigre, plus sombre, plus taquin. Indulgent et sociable encore pendant la journée, il était impitoyable le soir ; et ce n'était pas seulement sur autrui, mais aussi sur lui-même, que s'exerçait rageusement sa manie crépusculeuse.

Le premier est mort fou, incapable de reconnaître sa femme et son enfant ; le second porte en lui l'inquiétude d'un malaise perpétuel, et fût-il gratifié de tous les honneurs que peuvent conférer les républiques et les princes, je crois que le crépuscule allumerait encore en lui la brûlante envie de distinctions imaginaires. La nuit, qui mettait ses ténèbres dans leur esprit, fait la lumière dans le mien ; et, bien qu'il ne soit pas rare de voir la même cause engendrer deux effets contraires, j'en suis toujours comme intrigué et alarmé.

Ô nuit ! ô rafraîchissantes ténèbres ! vous êtes pour moi le signal d'une fête intérieure, vous êtes la délivrance d'une angoisse ! Dans la solitude des plaines, dans les labyrinthes pierreux d'une capitale, scintillement des étoiles, explosion des lanternes, vous êtes le feu d'artifice de la déesse Liberté !

Crépuscule, comme vous êtes doux et tendre ! Les lueurs roses qui traînent encore à l'horizon comme l'agonie du jour sous l'oppression victorieuse de sa nuit, les feux des candélabres qui font des taches d'un rouge opaque sur les dernières gloires du couchant, les lourdes draperies qu'une main invisible attire des profondeurs de l'Orient, imitent tous les sentiments compliqués qui luttent dans le cœur de l'homme aux heures solennelles de la vie.

On dirait encore une de ces robes étranges de danseuses, où une
50 gaze transparente et sombre laisse entrevoir les splendeurs amorties d'une jupe éclatante, comme sous le noir présent transperce le délicieux passé ; et les étoiles vacillantes d'or et d'argent, dont elle est semée, représentent ces feux de la fantaisie qui ne s'allument bien que sous le deuil profond de la Nuit.

XXIII
LA SOLITUDE

Un gazetier philanthrope me dit que la solitude est mauvaise pour l'homme ; et à l'appui de sa thèse, il cite, comme tous les incrédules, des paroles des Pères de l'Église.

Je sais que le Démon fréquente volontiers les lieux arides, et que
5 l'Esprit de meurtre et de lubricité s'enflamme merveilleusement dans les solitudes. Mais il serait possible que cette solitude ne fût dangereuse que pour l'âme oisive et divagante qui la peuple de ses passions et de ses chimères.

Il est certain qu'un bavard, dont le suprême plaisir consiste à parler
10 du haut d'une chaire ou d'une tribune, risquerait fort de devenir fou furieux dans l'île de Robinson. Je n'exige pas de mon gazetier les courageuses vertus de Crusoé, mais je demande qu'il ne décrète pas d'accusation les amoureux de la solitude et du mystère.

Il y a dans nos races jacassières des individus qui accepteraient avec
15 moins de répugnance le supplice suprême, s'il leur était permis de faire du haut de l'échafaud une copieuse harangue, sans craindre que les tambours de Santerre ne leur coupassent intempestivement la parole.

Je ne les plains pas, parce que je devine que leurs effusions oratoires leur procurent des voluptés égales à celles que d'autres tirent du
20 silence et du recueillement ; mais je les méprise.

Je désire surtout que mon maudit gazetier me laisse m'amuser à ma guise. « Vous n'éprouvez donc jamais, — me dit-il, avec un ton de nez très apostolique, — le besoin de partager vos jouissances ? » Voyez-vous le subtil envieux ! Il sait que je dédaigne les siennes, et il
25 vient s'insinuer dans les miennes, le hideux trouble-fête !

« Ce grand malheur de ne pouvoir être seul !… » dit quelque part La Bruyère, comme pour faire honte à tous ceux qui courent s'oublier dans la foule, craignant sans doute de ne pouvoir se supporter eux-mêmes.

« Presque tous nos malheurs nous viennent de n'avoir pas su rester
30 dans notre chambre », dit un autre sage, Pascal, je crois, rappelant ainsi dans la cellule du recueillement tous ces affolés qui cherchent le bonheur dans le mouvement et dans une prostitution que je pourrais appeler *fraternitaire,* si je voulais parler la belle langue de mon siècle.

XXIV
LES PROJETS

Il se disait, en se promenant dans un grand parc solitaire : « Comme elle serait belle dans un costume de cour, compliqué et fastueux, descendant, à travers l'atmosphère d'un beau soir, les degrés de marbre d'un palais, en face des grandes pelouses et des bassins ! Car
5 elle a naturellement l'air d'une princesse. »

En passant plus tard dans une rue, il s'arrêta devant une boutique de gravures, et, trouvant dans un carton une estampe représentant un paysage tropical, il se dit : « Non ! ce n'est pas dans un palais que je voudrais posséder sa chère vie. Nous n'y serions pas *chez nous.*
10 D'ailleurs ces murs criblés d'or ne laisseraient pas une place pour accrocher son image ; dans ces solennelles galeries, il n'y a pas un coin pour l'intimité. Décidément, c'est *là* qu'il faudrait demeurer pour cultiver le rêve de ma vie. »

Et, tout en analysant des yeux les détails de la gravure, il continuait
15 mentalement : « Au bord de la mer, une belle case en bois, enveloppée de tous ces arbres bizarres et luisants dont j'ai oublié les noms…, dans

l'atmosphère, une odeur enivrante, indéfinissable…, dans la case un
puissant parfum de rose et de musc…, plus loin, derrière notre petit
domaine, des bouts de mâts balancés par la houle…, autour de nous,
20 au-delà de la chambre éclairée d'une lumière rose tamisée par les
stores, décorée de nattes fraîches et de fleurs capiteuses[1], avec de rares
sièges d'un rococo[2] portugais, d'un bois lourd et ténébreux (où elle
reposerait si calme, si bien éventée, fumant le tabac légèrement
opiacé!), au-delà de la varangue[3], le tapage des oiseaux ivres de
25 lumière, et le jacassement des petites négresses…, et, la nuit, pour
servir d'accompagnement à mes songes, le chant plaintif des arbres à
musique, des mélancoliques filaos! Oui, en vérité, c'est bien *là* le
décor que je cherchais. Qu'ai-je à faire de palais?»

Et plus loin, comme il suivait une grande avenue, il aperçut une
30 auberge proprette, où d'une fenêtre égayée par des rideaux d'indienne
bariolée se penchaient deux têtes rieuses. Et tout de suite: «Il faut,
— se dit-il, — que ma pensée soit une grande vagabonde pour aller
chercher si loin ce qui est si près de moi. Le plaisir et le bonheur sont
dans la première auberge venue, dans l'auberge du hasard, si féconde
35 en voluptés. Un grand feu, des faïences voyantes, un souper passable,
un vin rude, et un lit très large avec des draps un peu âpres, mais frais;
quoi de mieux?»

Et en rentrant seul chez lui, à cette heure où les conseils de la Sagesse
ne sont plus étouffés par les bourdonnements de la vie extérieure, il se
40 dit: «J'ai eu aujourd'hui, en rêve, trois domiciles où j'ai trouvé un égal
plaisir. Pourquoi contraindre mon corps à changer de place, puisque
mon âme voyage si lestement? Et à quoi bon exécuter des projets,
puisque le projet est en lui-même une jouissance suffisante?»

---

1. Capiteuses: qui montent à la tête, échauffent les sens.
2. Rococo: style répandu dans l'ornement et l'architecture en France au XVIIIe siècle, caractérisé
   par la profusion et l'imitation des rocailles.
3. Varangue: véranda.

XXVI
Les Yeux des pauvres

Ah! vous voulez savoir pourquoi je vous hais aujourd'hui. Il vous sera sans doute moins facile de le comprendre qu'à moi de vous l'expliquer; car vous êtes, je crois, le plus bel exemple d'imperméabilité féminine qui se puisse rencontrer.

5   Nous avions passé ensemble une longue journée qui m'avait paru courte. Nous nous étions bien promis que toutes nos pensées nous seraient communes à l'un et à l'autre, et que nos deux âmes désormais n'en feraient plus qu'une; — un rêve qui n'a rien d'original, après tout, si ce n'est que, rêvé par tous les hommes, il n'a été réalisé par aucun.

10   Le soir, un peu fatiguée, vous voulûtes vous asseoir devant un café neuf qui formait le coin d'un boulevard neuf, encore tout plein de gravois et montrant déjà glorieusement ses splendeurs inachevées. Le café étincelait. Le gaz lui-même y déployait toute l'ardeur d'un début, et éclairait de toutes ses forces les murs aveuglants de blancheur, les

15 nappes éblouissantes des miroirs, les ors des baguettes et des corniches, les pages aux joues rebondies traînés par les chiens en laisse, les dames riant au faucon perché sur leur poing, les nymphes et les déesses portant sur leur tête des fruits, des pâtés et du gibier, les Hébés et les Ganymèdes[1] présentant à bras tendu la petite amphore à

20 bavaroises ou l'obélisque bicolore des glaces panachées; toute l'histoire et toute la mythologie mises au service de la goinfrerie.

Droit devant nous, sur la chaussée, était planté un brave homme d'une quarantaine d'années, au visage fatigué, à la barbe grisonnante, tenant d'une main un petit garçon et portant sur l'autre bras un petit

25 être trop faible pour marcher. Il remplissait l'office de bonne et faisait prendre à ses enfants l'air du soir. Tous en guenilles. Ces trois visages étaient extraordinairement sérieux, et ces six yeux contemplaient fixement le café nouveau avec une admiration égale, mais nuancée diversement par l'âge.

---

1. Dans la mythologie grecque, Hébé incarne la belle adolescente, alors que Ganymède incarne le bel adolescent.

30 Les yeux du père disaient : « Que c'est beau ! que c'est beau ! on dirait que tout l'or du pauvre monde est venu se porter sur ces murs. » — Les yeux du petit garçon : « Que c'est beau ! que c'est beau ! mais c'est une maison où peuvent seuls entrer les gens qui ne sont pas comme nous. » — Quant aux yeux du plus petit, ils étaient trop fas-
35 cinés pour exprimer autre chose qu'une joie stupide et profonde.

Les chansonniers disent que le plaisir rend l'âme bonne et amollit le cœur. La chanson avait raison ce soir-là, relativement à moi. Non seulement j'étais attendri par cette famille d'yeux, mais je me sentais un peu honteux de nos verres et de nos carafes, plus grands que notre
40 soif. Je tournais mes regards vers les vôtres, cher amour, pour y lire *ma* pensée ; je plongeais dans vos yeux si beaux et si bizarrement doux, dans vos yeux verts, habités par le Caprice et inspirés par la Lune, quand vous me dites : « Ces gens-là me sont insupportables avec leurs yeux ouverts comme des portes cochères ! Ne pourriez-vous pas prier
45 le maître du café de les éloigner d'ici ? »

Tant il est difficile de s'entendre, mon cher ange, et tant la pensée est incommunicable, même entre gens qui s'aiment !

XXVIII
La Fausse Monnaie

Comme nous nous éloignions du bureau de tabac, mon ami fit un soigneux triage de sa monnaie ; dans la poche gauche de son gilet il glissa de petites pièces d'or ; dans la droite, de petites pièces d'argent ; dans la poche gauche de sa culotte, une masse de gros sols, et
5 enfin, dans la droite, une pièce d'argent de deux francs qu'il avait par- ticulièrement examinée.

« Singulière et minutieuse répartition ! » me dis-je en moi-même.

Nous fîmes la rencontre d'un pauvre qui nous tendit sa casquette en tremblant. — Je ne connais rien de plus inquiétant que l'éloquence
10 muette de ces yeux suppliants, qui contiennent à la fois, pour l'homme sensible qui sait y lire, tant d'humilité, tant de reproches. Il

y trouve quelque chose approchant cette profondeur de sentiment compliqué, dans les yeux larmoyants des chiens qu'on fouette.

L'offrande de mon ami fut beaucoup plus considérable que la
15 mienne, et je lui dis : « Vous avez raison ; après le plaisir d'être étonné, il n'en est pas de plus grand que celui de causer une surprise. — C'était la pièce fausse », me répondit-il tranquillement, comme pour se justifier de sa prodigalité.

Mais dans mon misérable cerveau, toujours occupé à chercher
20 midi à quatorze heures (de quelle fatigante faculté la nature m'a fait cadeau !), entra soudainement cette idée qu'une pareille conduite, de la part de mon ami, n'était excusable que par le désir de créer un événement dans la vie de ce pauvre diable, peut-être même de connaître les conséquences diverses, funestes ou autres, que peut engendrer une
25 pièce fausse dans la main d'un mendiant. Ne pouvait-elle pas se multiplier en pièces vraies ? ne pouvait-elle pas aussi le conduire en prison ? Un cabaretier, un boulanger, par exemple, allait peut-être le faire arrêter comme faux-monnayeur ou comme propagateur de fausse monnaie. Tout aussi bien la pièce fausse serait peut-être, pour
30 un pauvre petit spéculateur, le germe d'une richesse de quelques jours. Et ainsi ma fantaisie allait son train, prêtant des ailes à l'esprit de mon ami et tirant toutes les déductions possibles de toutes les hypothèses possibles.

Mais celui-ci rompit brusquement ma rêverie en reprenant mes pro-
35 pres paroles : « Oui, vous avez raison ; il n'est pas de plaisir plus doux que de surprendre un homme en lui donnant plus qu'il n'espère. »

Je le regardai dans le blanc des yeux, et je fus épouvanté de voir que ses yeux brillaient d'une incontestable candeur. Je vis alors clairement qu'il avait voulu faire à la fois la charité et une bonne affaire ; gagner
40 quarante sols et le cœur de Dieu ; emporter le paradis économiquement ; enfin attraper gratis un brevet d'homme charitable. Je lui aurais presque pardonné le désir de la criminelle jouissance dont je le supposais tout à l'heure capable ; j'aurais trouvé curieux, singulier, qu'il s'amusât à compromettre les pauvres ; mais je ne lui pardonnerai
45 jamais l'ineptie de son calcul. On n'est jamais excusable d'être méchant, mais il y a quelque mérite à savoir qu'on l'est ; et le plus irréparable des vices est de faire le mal par bêtise.

XXX
La Corde

À Édouard Manet.

« Les illusions, — me disait mon ami, — sont aussi innombrables peut-être que les rapports des hommes entre eux, ou des hommes avec les choses. Et quand l'illusion disparaît, c'est-à-dire quand nous voyons l'être ou le fait tel qu'il existe en dehors de nous, nous éprou-
5 vons un bizarre sentiment, compliqué moitié de regret pour le fantôme disparu, moitié de surprise agréable devant la nouveauté, devant le fait réel. S'il existe un phénomène évident, trivial, toujours semblable, et d'une nature à laquelle il soit impossible de se tromper, c'est l'amour maternel. Il est aussi difficile de supposer une mère sans
10 amour maternel qu'une lumière sans chaleur ; n'est-il donc pas parfaitement légitime d'attribuer à l'amour maternel toutes les actions et les paroles d'une mère, relatives à son enfant ? Et cependant écoutez cette petite histoire, où j'ai été singulièrement mystifié par l'illusion la plus naturelle.

15 « Ma profession de peintre me pousse à regarder attentivement les visages, les physionomies, qui s'offrent dans ma route, et vous savez quelle jouissance nous tirons de cette faculté qui rend à nos yeux la vie plus vivante et plus significative que pour les autres hommes. Dans le quartier reculé que j'habite, et où de vastes espaces gazonnés séparent
20 encore les bâtiments, j'observai souvent un enfant dont la physionomie ardente et espiègle, plus que toutes les autres, me séduisit tout d'abord. Il a posé plus d'une fois pour moi, et je l'ai transformé tantôt en petit bohémien, tantôt en ange, tantôt en Amour mythologique. Je lui ai fait porter le violon du vagabond, la Couronne d'Épines et les
25 Clous de la Passion, et la Torche d'Éros[1]. Je pris enfin à toute la drôlerie de ce gamin un plaisir si vif, que je priai un jour ses parents, de pauvres gens, de vouloir bien me le céder, promettant de bien l'habiller, de lui donner quelque argent et de ne pas lui imposer d'autre peine que de nettoyer mes pinceaux et de faire mes commissions. Cet
30 enfant, débarbouillé, devint charmant, et la vie qu'il menait chez moi

---

1. Éros : chez les Grecs, dieu de l'amour physique.

lui semblait un paradis, comparativement à celle qu'il aurait subie dans le taudis paternel. Seulement je dois dire que ce petit bonhomme m'étonna quelquefois par des crises singulières de tristesse précoce, et qu'il manifesta bientôt un goût immodéré pour le sucre et les liqueurs ;
35 si bien qu'un jour où je constatai que, malgré mes nombreux avertissements, il avait encore commis un nouveau larcin de ce genre, je le menaçai de le renvoyer à ses parents. Puis je sortis, et mes affaires me retinrent assez longtemps hors de chez moi.

« Quels ne furent pas mon horreur et mon étonnement quand,
40 rentrant à la maison, le premier objet qui frappa mes regards fut mon petit bonhomme, l'espiègle compagnon de ma vie, pendu au panneau de cette armoire ! Ses pieds touchaient presque le plancher ; une chaise, qu'il avait sans doute repoussée du pied, était renversée à côté de lui ; sa tête était penchée convulsivement sur une épaule ; son
45 visage, boursouflé, et ses yeux, tout grands ouverts avec une fixité effrayante, me causèrent d'abord l'illusion de la vie. Le dépendre n'était pas une besogne aussi facile que vous le pouvez croire. Il était déjà fort roide, et j'avais une répugnance inexplicable à le faire brusquement tomber sur le sol. Il fallait le soutenir tout entier avec un
50 bras, et, avec la main de l'autre bras, couper la corde. Mais cela fait, tout n'était pas fini ; le petit monstre s'était servi d'une ficelle fort mince qui était entrée profondément dans les chairs, et il fallait maintenant, avec de minces ciseaux, chercher la corde entre les deux bourrelets de l'enflure, pour lui dégager le cou.

55 « J'ai négligé de vous dire que j'avais vivement appelé au secours ; mais tous mes voisins avaient refusé de me venir en aide, fidèles en cela aux habitudes de l'homme civilisé, qui ne veut jamais, je ne sais pourquoi, se mêler des affaires d'un pendu. Enfin vint un médecin qui déclara que l'enfant était mort depuis plusieurs heures. Quand,
60 plus tard, nous eûmes à le déshabiller pour l'ensevelissement, la rigidité cadavérique était telle, que, désespérant de fléchir les membres, nous dûmes lacérer et couper les vêtements pour les lui enlever.

« Le commissaire, à qui, naturellement, je dus déclarer l'accident, me regarda de travers, et me dit : "Voilà qui est louche !" mû sans
65 doute par un désir invétéré et une habitude d'état de faire peur, à tout hasard, aux innocents comme aux coupables.

« Restait une tâche suprême à accomplir, dont la seule pensée me causait une angoisse terrible : il fallait avertir les parents. Mes pieds refusaient de m'y conduire. Enfin j'eus ce courage. Mais, à mon grand
70 étonnement, la mère fut impassible, pas une larme ne suinta du coin de son œil. J'attribuai cette étrangeté à l'horreur même qu'elle devait éprouver, et je me souvins de la sentence connue : "Les douleurs les plus terribles sont les douleurs muettes." Quant au père, il se contenta de dire d'un air moitié abruti, moitié rêveur : "Après tout, cela vaut
75 peut-être mieux ainsi ; il aurait toujours mal fini !"

« Cependant le corps était étendu sur mon divan, et, assisté d'une servante, je m'occupais des derniers préparatifs, quand la mère entra dans mon atelier. Elle voulait, disait-elle, voir le cadavre de son fils. Je ne pouvais pas, en vérité, l'empêcher de s'enivrer de son malheur et
80 lui refuser cette suprême et sombre consolation. Ensuite elle me pria de lui montrer l'endroit où son petit s'était pendu. "Oh ! non ! madame, — lui répondis-je, — cela vous ferait mal." Et comme involontairement mes yeux se tournaient vers la funèbre armoire, je m'aperçus, avec un dégoût mêlé d'horreur et de colère, que le clou
85 était resté fiché dans la paroi, avec un long bout de corde qui traînait encore. Je m'élançai vivement pour arracher ces derniers vestiges du malheur, et comme j'allais les lancer au-dehors par la fenêtre ouverte, la pauvre femme saisit mon bras et me dit d'une voix irrésistible : "Oh ! monsieur ! laissez-moi cela ! je vous en prie ! je vous en supplie !"
90 Son désespoir l'avait, sans doute, me parut-il, tellement affolée, qu'elle s'éprenait de tendresse maintenant pour ce qui avait servi d'instrument à la mort de son fils, et le voulait garder comme une horrible et chère relique. — Et elle s'empara du clou et de la ficelle.

« Enfin ! enfin ! tout était accompli. Il ne me restait plus qu'à me
95 remettre au travail, plus vivement encore que d'habitude, pour chasser peu à peu ce petit cadavre qui hantait les replis de mon cerveau, et dont le fantôme me fatiguait de ses grands yeux fixes. Mais le lendemain je reçus un paquet de lettres : les unes, des locataires de ma maison, quelques autres des maisons voisines ; l'une, du premier
100 étage ; l'autre, du second ; l'autre, du troisième, et ainsi de suite, les unes en style demi-plaisant, comme cherchant à déguiser sous un apparent badinage la sincérité de la demande ; les autres, lourdement

effrontées et sans orthographe, mais toutes tendant au même but,
c'est-à-dire à obtenir de moi un morceau de la funeste et béatifique
105 corde. Parmi les signataires il y avait, je dois le dire, plus de femmes
que d'hommes ; mais tous, croyez-le bien, n'appartenaient pas à la
classe infime et vulgaire. J'ai gardé ces lettres.

« Et alors, soudainement, une lueur se fit dans mon cerveau, et je
compris pourquoi la mère tenait tant à m'arracher la ficelle et par
110 quel commerce elle entendait se consoler. »

XXXI
Les Vocations

Dans un beau jardin où les rayons d'un soleil automnal semblaient
s'attarder à plaisir, sous un ciel déjà verdâtre où des nuages d'or
flottaient comme des continents en voyage, quatre beaux enfants,
quatre garçons, las de jouer sans doute, causaient entre eux.

5   L'un disait : « Hier on m'a mené au théâtre. Dans des palais grands
et tristes, au fond desquels on voit la mer et le ciel, des hommes et des
femmes, sérieux et tristes aussi, mais bien plus beaux et bien mieux
habillés que ceux que nous voyons partout, parlent avec une voix
chantante. Ils se menacent, ils supplient, ils se désolent, et ils appuient
10 souvent leur main sur un poignard enfoncé dans leur ceinture. Ah !
c'est bien beau ! Les femmes sont bien plus belles et bien plus grandes
que celles qui viennent nous voir à la maison, et, quoique avec leurs
grands yeux creux et leurs joues enflammées elles aient l'air terrible,
on ne peut pas s'empêcher de les aimer. On a peur, on a envie de
15 pleurer, et cependant l'on est content… Et puis, ce qui est plus singulier, cela donne envie d'être habillé de même, de dire et de faire les
mêmes choses, et de parler avec la même voix… »

L'un des quatre enfants, qui depuis quelques secondes n'écoutait
plus le discours de son camarade et observait avec une fixité éton-
20 nante je ne sais quel point du ciel, dit tout à coup : « Regardez,
regardez là-bas ! *Le* voyez-vous ? Il est assis sur ce petit nuage isolé, ce

petit nuage couleur de feu, qui marche doucement. *Lui* aussi, on dirait qu'*il* nous regarde. »

« Mais qui donc ? » demandèrent les autres.

25 « Dieu ! » répondit-il avec un accent parfait de conviction. « Ah ! il est déjà bien loin ; tout à l'heure vous ne pourrez plus le voir. Sans doute il voyage, pour visiter tous les pays. Tenez, il va passer derrière cette rangée d'arbres qui est presque à l'horizon… et maintenant il descend derrière le clocher… Ah ! on ne le voit plus ! » Et l'enfant 30 resta longtemps tourné du même côté, fixant sur la ligne qui sépare la terre du ciel des yeux où brillait une inexprimable expression d'extase et de regret.

« Est-il bête, celui-là, avec son bon Dieu, que lui seul peut apercevoir ! » dit alors le troisième, dont toute la petite personne était mar-35 quée d'une vivacité et d'une vitalité singulières. « Moi, je vais vous raconter comment il m'est arrivé quelque chose qui ne vous est jamais arrivé, et qui est un peu plus intéressant que votre théâtre et vos nuages. — Il y a quelques jours, mes parents m'ont emmené en voyage avec eux, et, comme dans l'auberge où nous nous sommes 40 arrêtés, il n'y avait pas assez de lits pour nous tous, il a été décidé que je dormirais dans le même lit que ma bonne. » — Il attira ses camarades plus près de lui, et parla d'une voix plus basse. — « Ça fait un singulier effet, allez, de n'être pas couché seul et d'être dans un lit avec sa bonne, dans les ténèbres. Comme je ne dormais pas, je me suis 45 amusé, pendant qu'elle dormait, à passer ma main sur ses bras, sur son cou et sur ses épaules. Elle a les bras et le cou bien plus gros que toutes les autres femmes, et la peau en est si douce, si douce, qu'on dirait du papier à lettre ou du papier de soie. J'y avais tant de plaisir que j'aurais longtemps continué, si je n'avais pas eu peur, peur de la 50 réveiller d'abord, et puis encore peur de je ne sais quoi. Ensuite j'ai fourré ma tête dans ses cheveux qui pendaient dans son dos, épais comme une crinière, et ils sentaient aussi bon, je vous assure, que les fleurs du jardin, à cette heure-ci. Essayez, quand vous pourrez, d'en faire autant que moi, et vous verrez ! »

55 Le jeune auteur de cette prodigieuse révélation avait, en faisant son récit, les yeux écarquillés par une sorte de stupéfaction de ce qu'il éprouvait encore, et les rayons du soleil couchant, en glissant à travers

les boucles rousses de sa chevelure ébouriffée, y allumaient comme
une auréole sulfureuse de passion. Il était facile de deviner que celui-
60 là ne perdrait pas sa vie à chercher la Divinité dans les nuées, et qu'il
la trouverait fréquemment ailleurs.

Enfin le quatrième dit : « Vous savez que je ne m'amuse guère à la
maison ; on ne me mène jamais au spectacle ; mon tuteur est trop
avare ; Dieu ne s'occupe pas de moi et de mon ennui, et je n'ai pas une
65 belle bonne pour me dorloter. Il m'a souvent semblé que mon plaisir
serait d'aller toujours droit devant moi, sans savoir où, sans que personne s'en inquiète, et de voir toujours des pays nouveaux. Je ne suis
jamais bien nulle part, et je crois toujours que je serais mieux ailleurs
que là où je suis. Eh bien ! j'ai vu, à la dernière foire du village voisin,
70 trois hommes qui vivent comme je voudrais vivre. Vous n'y avez pas
fait attention, vous autres. Ils étaient grands, presque noirs et très
fiers, quoique en guenilles, avec l'air de n'avoir besoin de personne.
Leurs grands yeux sombres sont devenus tout à fait brillants pendant
qu'ils faisaient de la musique ; une musique si surprenante qu'elle
75 donne envie tantôt de danser, tantôt de pleurer, ou de faire les deux à
la fois, et qu'on deviendrait comme fou si on les écoutait trop longtemps. L'un, en traînant son archet sur son violon, semblait raconter
un chagrin, et l'autre, en faisant sautiller son petit marteau sur les
cordes d'un petit piano suspendu à son cou par une courroie, avait
80 l'air de se moquer de la plainte de son voisin, tandis que le troisième
choquait, de temps à autre, ses cymbales avec une violence extraordinaire. Ils étaient si contents d'eux-mêmes, qu'ils ont continué à
jouer leur musique de sauvages, même après que la foule s'est dis-
persée. Enfin ils ont ramassé leurs sous, ont chargé leur bagage sur
85 leur dos, et sont partis. Moi, voulant savoir où ils demeuraient, je les
ai suivis de loin, jusqu'au bord de la forêt, où j'ai compris seulement
alors, qu'ils ne demeuraient nulle part.

« Alors l'un a dit : "Faut-il déployer la tente ?

« — Ma foi ! non ! a répondu l'autre, il fait une si belle nuit ! "
90 « Le troisième disait en comptant la recette : "Ces gens-là ne sentent pas la musique, et leurs femmes dansent comme des ours.
Heureusement, avant un mois nous serons en Autriche, où nous trouverons un peuple plus aimable.

« — Nous ferions peut-être mieux d'aller vers l'Espagne, car voici
95 la saison qui s'avance ; fuyons avant les pluies et ne mouillons que
notre gosier", a dit un des deux autres.

« J'ai tout retenu, comme vous voyez. Ensuite ils ont bu chacun
une tasse d'eau-de-vie et se sont endormis, le front tourné vers les
étoiles. J'avais eu d'abord envie de les prier de m'emmener avec eux et
100 de m'apprendre à jouer de leurs instruments ; mais je n'ai pas osé, sans
doute parce qu'il est toujours très difficile de se décider à n'importe
quoi, et aussi parce que j'avais peur d'être rattrapé avant d'être hors
de France. »

L'air peu intéressé des trois autres camarades me donna à penser
105 que ce petit était déjà un *incompris*. Je le regardais attentivement ; il y
avait dans son œil et dans son front ce je ne sais quoi de précocement
fatal qui éloigne généralement la sympathie, et qui, je ne sais pourquoi, excitait la mienne, au point que j'eus un instant l'idée bizarre
que je pouvais avoir un frère à moi-même inconnu.

110 Le soleil s'était couché. La nuit solennelle avait pris place. Les
enfants se séparèrent, chacun allant, à son insu, selon les circonstances
et les hasards, mûrir sa destinée, scandaliser ses proches et graviter
vers la gloire ou vers le déshonneur.

XXXIII
Enivrez-vous

Il faut être toujours ivre. Tout est là : c'est l'unique question. Pour
ne pas sentir l'horrible fardeau du Temps qui brise vos épaules et vous
penche vers la terre, il faut vous enivrer sans trêve.

Mais de quoi ? De vin, de poésie ou de vertu, à votre guise. Mais
5 enivrez-vous.

Et si quelquefois, sur les marches d'un palais, sur l'herbe verte d'un
fossé, dans la solitude morne de votre chambre, vous vous réveillez,
l'ivresse déjà diminuée ou disparue, demandez au vent, à la vague, à
l'étoile, à l'oiseau, à l'horloge, à tout ce qui fuit, à tout ce qui gémit,

10 à tout ce qui roule, à tout ce qui chante, à tout ce qui parle, demandez quelle heure il est ; et le vent, la vague, l'étoile, l'oiseau, l'horloge, vous répondront : « Il est l'heure de s'enivrer ! Pour n'être pas les esclaves martyrisés du Temps, enivrez-vous ; enivrez-vous sans cesse ! De vin, de poésie ou de vertu, à votre guise. »

XXXV
LES FENÊTRES

Celui qui regarde du dehors à travers une fenêtre ouverte, ne voit jamais autant de choses que celui qui regarde une fenêtre fermée. Il n'est pas d'objet plus profond, plus mystérieux, plus fécond, plus ténébreux, plus éblouissant qu'une fenêtre éclairée d'une chandelle. 5 Ce qu'on peut voir au soleil est toujours moins intéressant que ce qui se passe derrière une vitre. Dans ce trou noir ou lumineux vit la vie, rêve la vie, souffre la vie.

Par-delà des vagues de toits, j'aperçois une femme mûre, ridée déjà, pauvre, toujours penchée sur quelque chose, et qui ne sort jamais. Avec 10 son visage, avec son vêtement, avec son geste, avec presque rien, j'ai refait l'histoire de cette femme, ou plutôt sa légende, et quelquefois je me la raconte à moi-même en pleurant.

Si c'eût été un pauvre vieux homme, j'aurais refait la sienne tout aussi aisément.

15 Et je me couche, fier d'avoir vécu et souffert dans d'autres que moi-même.

Peut-être me direz-vous : « Es-tu sûr que cette légende soit la vraie ? » Qu'importe ce que peut être la réalité placée hors de moi, si elle m'a aidé à vivre, à sentir que je suis et ce que je suis ?

XXXVII
Les Bienfaits de la lune

La Lune, qui est le caprice même, regarda par la fenêtre pendant que tu dormais dans ton berceau, et se dit : « Cette enfant me plaît. »

Et elle descendit mœlleusement son escalier de nuages et passa sans bruit à travers les vitres. Puis elle s'étendit sur toi avec la tendresse souple d'une mère, et elle déposa ses couleurs sur ta face. Tes prunelles en sont restées vertes, et tes joues extraordinairement pâles. C'est en contemplant cette visiteuse que tes yeux se sont si bizarrement agrandis ; et elle t'a si tendrement serrée à la gorge que tu en as gardé pour toujours l'envie de pleurer.

Cependant, dans l'expansion de sa joie, la Lune remplissait toute la chambre comme une atmosphère phosphorique, comme un poison lumineux ; et toute cette lumière vivante pensait et disait : « Tu subiras éternellement l'influence de mon baiser. Tu seras belle à ma manière. Tu aimeras ce que j'aime et ce qui m'aime : l'eau, les nuages, le silence et la nuit ; la mer immense et verte ; l'eau informe et multiforme ; le lieu où tu ne seras pas ; l'amant que tu ne connaîtras pas ; les fleurs monstrueuses ; les parfums qui font délirer ; les chats qui se pâment sur les pianos et qui gémissent comme les femmes, d'une voix rauque et douce !

« Et tu seras aimée de mes amants, courtisée par mes courtisans. Tu seras la reine des hommes aux yeux verts dont j'ai serré aussi la gorge dans mes caresses nocturnes ; de ceux-là qui aiment la mer, la mer immense, tumultueuse et verte, l'eau informe et multiforme, le lieu où ils ne sont pas, la femme qu'ils ne connaissent pas, les fleurs sinistres qui ressemblent aux encensoirs d'une religion inconnue, les parfums qui troublent la volonté, et les animaux sauvages et voluptueux qui sont les emblèmes de leur folie. »

Et c'est pour cela, maudite chère enfant gâtée, que je suis maintenant couché à tes pieds, cherchant dans toute ta personne le reflet de la redoutable Divinité, de la fatidique marraine, de la nourrice empoisonneuse de tous les *lunatiques*.

XXXVIII
LAQUELLE EST LA VRAIE ?

J'ai connu une certaine Bénédicta, qui remplissait l'atmosphère d'idéal, et dont les yeux répandaient le désir de la grandeur, de la beauté, de la gloire et de tout ce qui fait croire à l'immortalité.

Mais cette fille miraculeuse était trop belle pour vivre longtemps ;
5 aussi est-elle morte quelques jours après que j'eus fait sa connaissance, et c'est moi-même qui l'ai enterrée, un jour que le printemps agitait son encensoir jusque dans les cimetières. C'est moi qui l'ai enterrée, bien close dans une bière d'un bois parfumé et incorruptible comme les coffres de l'Inde.

10 Et comme mes yeux restaient fichés sur le lieu où était enfoui mon trésor, je vis subitement une petite personne qui ressemblait singulièrement à la défunte, et qui, piétinant sur la terre fraîche avec une violence hystérique et bizarre, disait en éclatant de rire : « C'est moi, la vraie Bénédicta ! C'est moi, une fameuse canaille ! Et pour la punition
15 de ta folie et de ton aveuglement, tu m'aimeras telle que je suis ! »

Mais moi, furieux, j'ai répondu : « Non ! non ! non ! » Et pour mieux accentuer mon refus, j'ai frappé si violemment la terre du pied que ma jambe s'est enfoncée jusqu'au genou dans la sépulture récente, et que, comme un loup pris au piège, je reste attaché, pour
20 toujours peut-être, à la fosse de l'idéal.

XXXIX
UN CHEVAL DE RACE

Elle est bien laide. Elle est délicieuse pourtant !

Le Temps et l'Amour l'ont marquée de leurs griffes et lui ont cruellement enseigné ce que chaque minute et chaque baiser emportent de jeunesse et de fraîcheur.

5 Elle est vraiment laide ; elle est fourmi, araignée, si vous voulez, squelette même ; mais aussi elle est breuvage, magistère, sorcellerie ! en somme, elle est exquise.

Le Temps n'a pu rompre l'harmonie pétillante de sa démarche ni l'élégance indestructible de son armature. L'Amour n'a pas altéré la
10 suavité de son haleine d'enfant ; et le Temps n'a rien arraché de son abondante crinière d'où s'exhale en fauves parfums toute la vitalité endiablée du Midi français : Nîmes, Aix, Arles, Avignon, Narbonne, Toulouse, villes bénies du soleil, amoureuses et charmantes !

Le Temps et l'Amour l'ont vainement mordue à belles dents ; ils n'ont
15 rien diminué du charme vague, mais éternel, de sa poitrine garçonnière.

Usée peut-être, mais non fatiguée, et toujours héroïque, elle fait penser à ces chevaux de grande race que l'œil du véritable amateur reconnaît, même attelés à un carrosse de louage ou à un lourd chariot.

Et puis elle est si douce et si fervente ! Elle aime comme on aime en
20 automne ; on dirait que les approches de l'hiver allument dans son cœur un feu nouveau, et la servilité de sa tendresse n'a jamais rien de fatigant.

XLV
Le Tir et le Cimetière

— *À la vue du cimetière, Estaminet.* — « Singulière enseigne, — se dit notre promeneur, — mais bien faite pour donner soif ! À coup sûr, le maître de ce cabaret sait apprécier Horace[1] et les poètes élèves d'Épicure[2]. Peut-être même connaît-il le raffinement profond des
5 anciens Égyptiens, pour qui il n'y avait pas de bon festin sans squelette, ou sans un emblème quelconque de la brièveté de la vie. »

Et il entra, but un verre de bière en face des tombes, et fuma lentement un cigare. Puis, la fantaisie le prit de descendre dans ce cimetière, dont l'herbe était si haute et si invitante, et où régnait un si riche soleil.

1. Horace : poète latin (~65-~8 av. J.-C.).
2. Épicure : philosophe grec (~341-~270 av. J.-C.). Sa doctrine propose la recherche du plaisir.

10 En effet, la lumière et la chaleur y faisaient rage, et l'on eût dit que
le soleil ivre se vautrait tout de son long sur un tapis de fleurs
magnifiques engraissées par la destruction. Un immense bruissement
de vie remplissait l'air, — la vie des infiniment petits, — coupé à
intervalles réguliers par la crépitation des coups de feu d'un tir voisin,
15 qui éclataient comme l'explosion des bouchons de champagne dans
le bourdonnement d'une symphonie en sourdine.

Alors, sous le soleil qui lui chauffait le cerveau et dans l'atmosphère des ardents parfums de la Mort, il entendit une voix chuchoter
sous la tombe où il s'était assis. Et cette voix disait : « Maudites soient
20 vos cibles et vos carabines, turbulents vivants, qui vous souciez si peu
des défunts et de leur divin repos ! Maudites soient vos ambitions,
maudits soient vos calculs, mortels impatients, qui venez étudier l'art
de tuer auprès du sanctuaire de la Mort ! Si vous saviez comme le prix
est facile à gagner, comme le but est facile à toucher, et combien tout est
25 néant, excepté la Mort, vous ne vous fatigueriez pas tant, laborieux
vivants, et vous troubleriez moins souvent le sommeil de ceux qui
depuis longtemps ont mis dans le But, dans le seul vrai but de la
détestable vie ! »

XLVI
Perte d'auréole

« Eh ! quoi ! vous ici, mon cher ? Vous, dans un mauvais lieu ! vous,
le buveur de quintessences ! vous, le mangeur d'ambroisie ! En vérité,
il y a là de quoi me surprendre.

— Mon cher, vous connaissez ma terreur des chevaux et des voi-
5 tures. Tout à l'heure, comme je traversais le boulevard, en grande
hâte, et que je sautillais dans la boue, à travers ce chaos mouvant
où la mort arrive au galop de tous les côtés à la fois, mon auréole,
dans un mouvement brusque, a glissé de ma tête dans la fange du
macadam. Je n'ai pas eu le courage de la ramasser. J'ai jugé moins dés-
10 agréable de perdre mes insignes que de me faire rompre les os. Et puis,

me suis-je dit, à quelque chose malheur est bon. Je puis maintenant me promener incognito, faire des actions basses, et me livrer à la crapule, comme les simples mortels. Et me voici, tout semblable à vous, comme vous voyez !

15   — Vous devriez au moins faire afficher cette auréole, ou la faire réclamer par le commissaire.

— Ma foi ! non. Je me trouve bien ici. Vous seul, vous m'avez reconnu. D'ailleurs la dignité m'ennuie. Ensuite je pense avec joie que quelque mauvais poète la ramassera et s'en coiffera impudemment.
20 Faire un heureux, quelle jouissance ! et surtout un heureux qui me fera rire ! Pensez à X, ou à Z ! Hein ! comme ce sera drôle ! »

XLVIII
ANY WHERE OUT OF THE WORLD
N'IMPORTE OÙ HORS DU MONDE

Cette vie est un hôpital où chaque malade est possédé du désir de changer de lit. Celui-ci voudrait souffrir en face du poêle, et celui-là croit qu'il guérirait à côté de la fenêtre.

Il me semble que je serais toujours bien là où je ne suis pas, et cette
5 question de déménagement en est une que je discute sans cesse avec mon âme.

« Dis-moi, mon âme, pauvre âme refroidie, que penserais-tu d'habiter Lisbonne ? Il doit y faire chaud, et tu t'y ragaillardirais comme un lézard. Cette ville est au bord de l'eau ; on dit qu'elle est bâtie en
10 marbre, et que le peuple y a une telle haine du végétal, qu'il arrache tous les arbres. Voilà un paysage selon ton goût ; un paysage fait avec la lumière et le minéral, et le liquide pour les réfléchir ! »

Mon âme ne répond pas.

« Puisque tu aimes tant le repos, avec le spectacle du mouvement,
15 veux-tu venir habiter la Hollande, cette terre béatifiante ? Peut-être te divertiras-tu dans cette contrée dont tu as souvent admiré l'image

dans les musées. Que penserais-tu de Rotterdam, toi qui aimes les forêts de mâts, et les navires amarrés au pied des maisons?»

Mon âme reste muette.

20 «Batavia te sourirait peut-être davantage? Nous y trouverions d'ailleurs l'esprit de l'Europe marié à la beauté tropicale.»

Pas un mot. — Mon âme serait-elle morte?

«En es-tu donc venue à ce point d'engourdissement que tu ne te plaises que dans ton mal? S'il en est ainsi, fuyons vers les pays qui sont 25 les analogies de la Mort. — Je tiens notre affaire, pauvre âme! Nous ferons nos malles pour Tornéo[1]. Allons plus loin encore, à l'extrême bout de la Baltique; encore plus loin de la vie, si c'est possible; installons-nous au pôle. Là le soleil ne frise qu'obliquement la terre, et les lentes alternatives de la lumière et de la nuit suppriment la 30 variété et augmentent la monotonie, cette moitié du néant. Là, nous pourrons prendre de longs bains de ténèbres, cependant que, pour nous divertir, les aurores boréales nous enverront de temps en temps leurs gerbes roses, comme des reflets d'un feu d'artifice de l'Enfer!»

Enfin, mon âme fait explosion, et sagement elle me crie: 35 «N'importe où! n'importe où! pourvu que ce soit hors de ce monde!»

XLIX
Assommons les pauvres!

Pendant quinze jours je m'étais confiné dans ma chambre, et je m'étais entouré des livres à la mode dans ce temps-là (il y a seize ou dix-sept ans); je veux parler des livres où il est traité de l'art de rendre les peuples heureux, sages et riches, en vingt-quatre heures. J'avais 5 donc digéré, — avalé, veux-je dire, — toutes les élucubrations de tous ces entrepreneurs de bonheur public, — de ceux qui conseillent à tous les pauvres de se faire esclaves, et de ceux qui leur persuadent qu'ils sont tous des rois détrônés. — On ne trouvera pas surprenant que je fusse alors dans un état d'esprit avoisinant le vertige ou la stupidité.

---

1. Tornéo : rivière située à la frontière de la Suède et de la Finlande.

10   Il m'avait semblé seulement que je sentais, confiné au fond de mon intellect, le germe obscur d'une idée supérieure à toutes les formules de bonne femme dont j'avais récemment parcouru le dictionnaire. Mais ce n'était que l'idée d'une idée, quelque chose d'infiniment vague.

Et je sortis avec une grande soif. Car le goût passionné des mau-
15 vaises lectures engendre un besoin proportionnel du grand air et des rafraîchissants.

Comme j'allais entrer dans un cabaret, un mendiant me tendit son chapeau, avec un de ces regards inoubliables qui culbuteraient les trônes, si l'esprit remuait la matière, et si l'œil d'un magnétiseur fai-
20 sait mûrir les raisins.

En même temps, j'entendis une voix qui chuchotait à mon oreille, une voix que je reconnus bien ; c'était celle d'un bon Ange, ou d'un bon Démon, qui m'accompagne partout. Puisque Socrate avait son bon Démon, pourquoi n'aurais-je pas mon bon Ange, et pourquoi n'aurais-
25 je pas l'honneur, comme Socrate, d'obtenir mon brevet de folie, signé du subtil Lélut[1] et du bien avisé Baillarger[2] ?

Il existe cette différence entre le Démon de Socrate et le mien, que celui de Socrate ne se manifestait à lui que pour défendre, avertir, empê-cher, et que le mien daigne conseiller, suggérer, persuader. Ce pauvre
30 Socrate n'avait qu'un Démon prohibiteur ; le mien est un grand affirmateur, le mien est un Démon d'action, un Démon de combat.

Or, sa voix me chuchotait ceci : « Celui-là seul est l'égal d'un autre, qui le prouve, et celui-là seul est digne de la liberté, qui sait la conquérir. »

Immédiatement, je sautai sur mon mendiant. D'un seul coup de
35 poing, je lui bouchai un œil, qui devint, en une seconde, gros comme une balle. Je cassai un de mes ongles à lui briser deux dents, et comme je ne me sentais pas assez fort, étant né délicat et m'étant peu exercé à la boxe, pour assommer rapidement ce vieillard, je le saisis d'une main par le collet de son habit, de l'autre, je l'empoignai à la
40 gorge, et je me mis à lui secouer vigoureusement la tête contre un mur. Je dois avouer que j'avais préalablement inspecté les environs d'un coup

---

1. Lélut, Louis François (1804-1877) : aliéniste français, auteur de la *Physiologie de la pensée*.
2. Baillarger, Jules Gabriel François (1806-1891) : aliéniste français qui avait soutenu une thèse démontrant la folie de Socrate.

d'œil, et que j'avais vérifié que dans cette banlieue déserte je me trouvais, pour un assez long temps, hors de la portée de tout agent de police.

Ayant ensuite, par un coup de pied lancé dans le dos, assez énergique
45 pour briser les omoplates, terrassé ce sexagénaire affaibli, je me saisis d'une grosse branche d'arbre qui traînait à terre, et je le battis avec l'énergie obstinée des cuisiniers qui veulent attendrir un beefteack.

Tout à coup, — ô miracle! ô jouissance du philosophe qui vérifie l'excellence de sa théorie! — je vis cette antique carcasse se retourner,
50 se redresser avec une énergie que je n'aurais jamais soupçonnée dans une machine si singulièrement détraquée, et, avec un regard de haine qui me parut de *bon augure,* le malandrin décrépit se jeta sur moi, me pocha les deux yeux, me cassa quatre dents, et avec la même branche d'arbre me battit dru comme plâtre. — Par mon énergique médica-
55 tion, je lui avais donc rendu l'orgueil et la vie.

Alors, je lui fis force signes pour lui faire comprendre que je considérais la discussion comme finie, et me relevant avec la satisfaction d'un sophiste du Portique, je lui dis : « Monsieur, *vous êtes mon égal!* veuillez me faire l'honneur de partager avec moi ma bourse ; et
60 souvenez-vous, si vous êtes réellement philanthrope, qu'il faut appliquer à tous vos confrères, quand ils vous demanderont l'aumône, la théorie que j'ai eu la *douleur* d'essayer sur votre dos. »

Il m'a bien juré qu'il avait compris ma théorie, et qu'il obéirait à mes conseils.

CHARLES BAUDELAIRE
EAU-FORTE DE ROGER FAVIER (1922)
D'APRÈS UNE PHOTOGRAPHIE DE NADAR (1854).

© BHVP, GÉRARD LEYRIS.

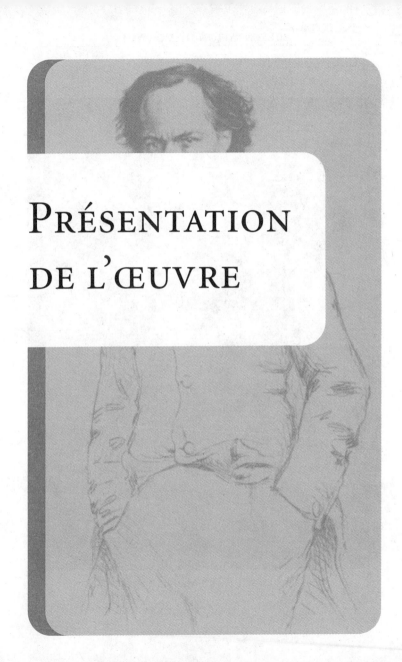

PRÉSENTATION DE L'ŒUVRE

Barricades, rue Saint-Maur, le 25 juin 1848.

BAUDELAIRE ET SON ÉPOQUE

Comme beaucoup de ses contemporains, Charles Baudelaire (1821-1867) a vécu sous différents régimes politiques. En effet, une partie de son enfance se déroule sous la Restauration (1814-1830), puis il traverse la période de la monarchie de Juillet (1830-1848) et meurt peu avant la fin du Second Empire (1852-1870). Ces indications illustrent bien à quel point la période qui va de la Révolution française (1789) jusqu'à la chute de Napoléon III (1870) est une époque de grande instabilité politique. Pendant ces huit décennies, la société française opère une lente transition entre un ordre monarchique rigide et une république qui reconnaît aux citoyens le droit d'élire son gouvernement. Ce bouleversement social et politique est ponctué de révolutions (1830, 1848 et 1870) et de soulèvements populaires qui rappellent aux différents gouvernements qui se succèdent que le peuple n'a pas oublié les principes de la Révolution française.

Les principes de 1789

La Révolution laisse un lourd héritage aux Français. Tout au long du XIXᵉ siècle, les idéaux de 1789 sont rappelés sans cesse dans les débats politiques, dans les journaux, dans les traités de science politique, dans les ouvrages de philosophie et dans les œuvres littéraires. Le siècle est obsédé par les principes de liberté, d'égalité et de fraternité et par la Déclaration des droits de l'homme et du citoyen. Pourtant, les régimes politiques qui se succèdent se montrent toujours hésitants à accorder pleinement des libertés aux citoyens et à mettre en place une structure sociale qui favorise l'égalité entre eux. Même les membres de la bourgeoisie, qui avait pourtant mené la Révolution, cautionnent des régimes qui mettent des monarques au pouvoir.

La bourgeoisie

Le conservatisme des bourgeois s'explique facilement, puisque durant cette transition qui mène à l'établissement de la république, la classe bourgeoise remplace peu à peu les nobles au cœur de la société. En effet, les bourgeois s'enrichissent et réussissent à étendre leur influence jusqu'au sein du gouvernement à mesure qu'avance le siècle. L'idéologie libérale qu'ils défendent et au cœur de laquelle se trouvent les idéaux de travail, de discipline, de productivité, d'argent et d'individualisme est donc triomphante dès la seconde moitié du siècle. De plus, l'idée de progrès qui leur est si chère depuis le xviiie siècle se répand rapidement dans toutes les couches sociales grâce aux développements fondamentaux de la science.

Pour Baudelaire, et plusieurs de ses concitoyens, cette montée de la bourgeoisie efface nettement l'espoir de voir se réaliser les idéaux de la Révolution française. Après avoir participé à des soulèvements populaires durant la révolution de 1848 au nom des principes de la révolution de 1789, Baudelaire se désillusionne rapidement et se résigne à vivre dans une société qui a oublié les promesses qu'elle voulait réaliser. Sa désillusion concerne aussi les penseurs révolutionnaires qu'il considère naïfs et bêtes. Cependant, sa haine de la classe bourgeoise et des principes qu'elle incarne ne diminue pas. Pour lui, cette classe sociale est formée de nouveaux riches prétentieux qui cachent mal leur ignorance des choses supérieures de l'esprit. L'intérêt que porte le bourgeois pour les arts et lettres notamment lui semble une imposture, parce qu'il n'y cherche qu'un divertissement et l'occasion d'acquérir une culture qu'il peut afficher dans différentes rencontres mondaines. Dans l'esprit de beaucoup de contemporains de Baudelaire, la bourgeoisie souffre également de la comparaison qui l'oppose à la noblesse qu'elle a remplacée, puisque le noble avait le véritable souci d'élever son esprit ainsi que l'amour gratuit des œuvres d'art et de la beauté. Le bourgeois, au contraire, a un esprit utile, pratique, intéressé et terre à terre.

Le contexte littéraire

LE ROMANTISME

La scène littéraire de la première moitié du xixe siècle est dominée par les auteurs romantiques. Ceux-ci se caractérisent par l'importance qu'ils accordent à l'individu et en particulier aux sentiments et aux tourments intérieurs. L'homme romantique se dissocie de la société et se veut un être d'exception, parfois maudit, déchiré par des obsessions singulières. Il entretient un rapport particulier avec les mystères de ce monde. En outre, la nature se présente à lui comme une énigme à déchiffrer, signe de la présence d'un dieu et d'un langage universel qui s'adresse à l'âme. L'esprit romantique est caractérisé par un mal de vivre provoqué par la constatation de la faiblesse de l'homme. L'impossibilité d'atteindre à l'idéal, à l'absolu et à l'éternel fait naître une mélancolie lourde et souvent fatale.

La sensibilité baudelairienne s'apparente fortement à celle des romantiques. D'ailleurs, Baudelaire a lu les écrivains de ce courant avec enthousiasme, particulièrement Victor Hugo et Charles-Augustin Sainte-Beuve. Les tourments de l'âme sont au cœur des poèmes de Baudelaire, et il met en scène la mélancolie qu'il désigne notamment par les termes « ennui » et « spleen ». Cependant, il ne représente pas la nature comme le faisaient les romantiques. À part quelques exceptions, le naturel est synonyme de désordre et de laideur dans ses poèmes. Là où la nature est bien vue — dans les pièces qui décrivent des paysages exotiques, par exemple —, il faut voir surtout la description d'un climat ou d'une atmosphère, mais non pas une célébration de la nature en tant que telle.

LE RÉALISME

Peu après le milieu du XIXe siècle, des romanciers réagissent aux excès du romantisme, notamment à l'importance trop grande qu'il accorde à la sensibilité des hommes. Les auteurs de ce courant, le réalisme, cherchent à représenter les hommes et la société tels qu'ils se présentent devant les yeux de chacun. Ils se réclament entre autres choses des romans de Honoré de Balzac, qui a su peindre de façon convaincante la France de la première moitié du XIXe siècle. Les poètes se sont peu inspirés des auteurs du réalisme, mais il est possible de percevoir l'influence de Balzac dans les scènes parisiennes décrites dans la poésie de Baudelaire. Celui-ci admirait surtout les romans balzaciens pour leurs descriptions justes de la vie moderne à Paris.

LE SYMBOLISME

Durant la seconde moitié du XIXᵉ siècle, les écrivains symbolistes, qui œuvrent surtout en poésie, s'inspirent largement des œuvres romantiques que les écrivains réalistes avaient fait oublier. Ils accordent une importance considérable aux sensations humaines. Pour eux, l'univers est rempli de mystères complexes que les individus ne comprennent que partiellement avec leurs sens imparfaits. L'être humain n'a qu'une notion vague de l'univers, qu'il ne peut percevoir qu'intuitivement par l'entremise des sensations. Cette représentation, déjà présente dans la littérature des romantiques, acquiert une place considérable dans les œuvres des symbolistes. Bien que ceux-ci ne montrent pas un lyrisme aussi marqué que les romantiques, les sentiments chers à la génération de Hugo, dont la mélancolie, la solitude, la passion amoureuse, la monotonie et l'angoisse existentielle, retrouvent leur place dans la littérature française. De plus, ils tenteront de renouveler la forme des poèmes en libérant les vers de leurs carcans habituels et certains feront l'expérience de la poésie en prose en s'inspirant de Baudelaire.

Le courant symboliste apparaît après la mort de Baudelaire. Cependant, les poètes symbolistes reconnaissent comme leur précurseur l'auteur des *Fleurs du mal* et du *Spleen de Paris,* qui a montré une sensibilité originale tout en faisant apparaître de nouveaux thèmes et de nouvelles formes d'écriture qui les ont inspirés.

BAUDELAIRE ET SON ŒUVRE
La vie de Baudelaire

L'ENFANCE

Charles Baudelaire est né le 9 avril 1821 d'un père âgé de 62 ans et d'une mère âgée de 28 ans. François Baudelaire, son père, fait de la peinture et possède un tempérament d'artiste. Le petit Charles est élevé jusqu'à l'âge de six ans dans une atmosphère particulière. Chez lui, il est entouré de tableaux, de canevas et de chevalets. Son père se promène parfois avec lui dans le jardin du Luxembourg et en profite pour lui montrer les sculptures qui peuplent ce lieu. Dès son enfance, Baudelaire est donc initié à l'imaginaire artiste. En 1827, François Baudelaire meurt et Caroline Dufaÿs, sa mère, se remarie l'année suivante avec le général Aupick, un militaire qui connaîtra une brillante carrière diplomatique.

LA VOCATION

À l'école, Baudelaire est un élève brillant mais paresseux, dont le rendement diminue avec les années. Il a étudié avec sérieux les auteurs de l'Antiquité, dont on retrouvera des traces plus tard dans son œuvre, mais il a surtout admiré les écrivains modernes. Comme bien des jeunes hommes de son époque, il a lu avec un certain enthousiasme les œuvres de Hugo. Il passe de peine le bac et s'inscrit à la faculté de droit à l'université, dans le simple but de plaire à ses parents, puisqu'il a déjà choisi sa carrière : il sera écrivain.

LE BOHÈME ET LE DANDY

C'est à partir de ce moment qu'il mène une vie de bohème pendant laquelle il prend la fâcheuse habitude de dépenser beaucoup d'argent. Pour le plus grand malheur du futur poète, le général Aupick, aidé de la mère de Baudelaire, l'oblige à partir sur un bateau en direction des Indes afin qu'il s'éloigne de la vie parisienne et de ses tentations. Il part donc de Bordeaux pour entreprendre le plus long voyage qu'il effectuera de sa vie ; il a 20 ans. Bien qu'il l'ait laissé croire à plusieurs reprises, il ne s'est jamais rendu à Calcutta, en Inde. C'est à l'île de la

Réunion qu'il fait demi-tour et retourne en France. Ce voyage effectué à contrecœur lui aura tout de même permis de s'imprégner de paysages exotiques, qu'il évoquera plus tard dans des pièces qui demeurent parmi les plus célèbres de son œuvre poétique.

À son retour à Paris, Baudelaire reprend sa vie de bohème et dépense plus qu'il ne le faisait avant son voyage. En 1842, il touche l'héritage de son père qui lui permet de vivre à son aise. Il dépense ostensiblement dans les restaurants, chez les marchands d'art, où il achète des peintures dont l'authenticité est douteuse, chez les filles de joie qu'il fréquente régulièrement et surtout chez les tailleurs qui lui confectionnent des habits selon ses goûts très précis et raffinés. Le personnage du bohème qui fréquente les cafés et les salons littéraires se double de celui du dandy.

Le dandysme, attitude d'abord observée chez certains Anglais, consiste à afficher des manières hautaines, élégantes et raffinées qui ne sont que la partie visible d'un être supérieurement spirituel et distingué. Le dandy ne travaille pas, c'est-à-dire qu'il n'a pas de carrière, et se fait une fierté de son inutilité puisque être utile, pour lui, c'est se rabaisser au niveau de la machine. Il affectionne particulièrement tout ce qui est artificiel, esthétique, et s'éloigne du naturel.

Entre l'âge de 21 ans et de 23 ans, Baudelaire dilapide la moitié de sa fortune. Afin de le protéger contre ses mauvaises habitudes, sa famille lui impose un conseil judiciaire : il ne pourra plus toucher directement son argent. Dorénavant, un notaire lui remet mensuellement une somme jugée suffisante pour qu'il puisse vivre confortablement, mais il n'a plus directement accès à son héritage. Cette mesure qui lui est imposée provient de la volonté du général Aupick, et tout dans l'attitude que Baudelaire adoptera dorénavant à l'égard de son beau-père montre qu'il n'a jamais accepté qu'on agisse avec autant d'autorité envers lui. Ses conflits avec son beau-père attisent sa haine de la bourgeoisie et des hommes de carrière. Malgré le conseil judiciaire, il ne change pas ses habitudes et accumule des dettes considérables au point de déménager fréquemment — sans payer les loyers dus — afin que ses créanciers perdent sa trace.

L'œuvre de Baudelaire

La postérité a surtout retenu *Les Fleurs du mal*. Pourtant, l'œuvre de Baudelaire est bien riche. Tout au long des années 1840 et 1850, il a collaboré à plusieurs revues, signant des critiques artistiques parfois virulentes. C'est dans les domaines de la musique, de la littérature, mais surtout de la peinture, que Baudelaire se révèle un fin critique averti et précoce qui saisit de façon originale l'essence des œuvres dont il rend compte. Il a aidé à faire connaître des peintres qu'il tient en haute estime, tels Constantin Guys et surtout Eugène Delacroix.

Baudelaire a également fait découvrir à la France l'œuvre de l'écrivain américain Edgar Allan Poe, grâce à ses traductions. D'ailleurs, si Baudelaire a quelque renommée durant son vivant, il le doit d'abord à ses traductions.

En 1860, trois ans après la publication des *Fleurs du mal*, Baudelaire fait paraître un ouvrage original intitulé *Les Paradis artificiels*, mélange d'essai et de fiction dans lequel il traite de la question de l'effet des drogues sur l'individu et plus particulièrement sur l'artiste. Cette œuvre n'obtient pas un grand succès du vivant de l'auteur, mais depuis, elle est lue avec intérêt par ceux qui s'intéressent à l'ensemble de l'œuvre baudelairienne.

Quatre années après la première publication des *Fleurs du mal*, une seconde édition, retravaillée par l'auteur, est publiée en 1861. À la suite de cette publication, de jeunes écrivains, surtout des poètes, se réclameront de Baudelaire. À la joie de celui-ci, la deuxième publication ne fait pas l'objet de poursuite. Cependant, elle reçoit un accueil plutôt froid de la part de la critique.

En 1864, quelque peu lassé de Paris et des milieux qu'il fréquente, Baudelaire entreprend avec un certain enthousiasme un voyage pour Bruxelles où il a été invité à faire des lectures publiques sur le sujet des drogues et à lire des extraits des *Paradis artificiels*. Ce voyage est un échec complet. De plus, Baudelaire ressent les premiers symptômes de la maladie qui le terrassera jusqu'à la mort. C'est en mars 1866, alors qu'il se trouve de nouveau en Belgique, que sa maladie le frappe définitivement. Il mourra le 31 août 1867, après avoir été alité pendant plus d'un an.

L'ŒUVRE EXPLIQUÉE

Les Fleurs du mal

LES TROIS PUBLICATIONS

La première publication des *Fleurs du mal* est mise en vente le 28 juin 1857. Aussitôt, le recueil est menacé de poursuite judiciaire. Le 20 août de la même année, Baudelaire se présente au palais de justice. Il est accusé d'outrage à la religion et à la morale publique. Il est finalement condamné à 300 francs d'amende pour outrage à la morale publique, mais n'est pas coupable d'outrage à la religion. De plus, six pièces doivent être retirées du recueil. Il réussira plus tard à faire réduire l'amende à 50 francs. Quelques années plus tard, l'éditeur de Baudelaire publiera en Belgique les pièces condamnées sous le titre *Les Épaves*.

Baudelaire a travaillé à la préparation de trois éditions des *Fleurs du mal*. La première paraît en 1857, la deuxième, en 1861 et la dernière, en 1868, un an après sa mort. L'édition de 1861 est celle que les éditeurs reproduisent habituellement, puisqu'elle est la dernière revue intégralement par le poète.

LA STRUCTURE DE L'ÉDITION DE 1861

Dans une lettre adressée le 22 décembre 1861 au poète Alfred de Vigny, Baudelaire écrit au sujet des *Fleurs du mal* : « Le seul éloge que je sollicite pour ce livre est qu'on reconnaisse qu'il n'est pas un pur album et qu'il a un commencement et une fin. Tous les poèmes nouveaux ont été faits pour être adaptés au cadre singulier que j'avais choisi. » Baudelaire attache donc beaucoup d'importance à la structure des *Fleurs du mal* et à l'ordre des poèmes, puisque le recueil doit se lire comme un récit.

Le recueil met en scène les tourments intérieurs de l'individu placé devant le combat entre le mal et le bien, entre le spleen et l'idéal, entre le laid et le beau. À mesure que le lecteur avance dans la lecture du recueil, il voit se dessiner le triomphe du mal de vivre, de cette mélancolie que Baudelaire a fait connaître sous le nom de « spleen », qui a raison de l'idéal et du bonheur.

Le terme « spleen » provient de la langue anglaise et désigne à l'origine la rate qui, croyait-on, provoquait la sécrétion d'une substance biliaire causant une lourde mélancolie. Ce terme est employé par Baudelaire pour désigner une mélancolie vague sans cause apparente et qui entraîne le dégoût de toute chose.

LE TITRE

Le titre du recueil de Baudelaire est un des plus connus et des plus riches de la littérature de son siècle. Il évoque en effet plusieurs sens, tout en demeurant énigmatique. Le titre peut être lu à la fois comme une antithèse qui met côte à côte deux termes contradictoires, « fleurs » et « mal », et comme une locution qui signifie « la beauté du mal ».

Le recueil de Baudelaire innove au moment de sa parution parce qu'il traite le thème du mal d'une façon inédite. Le projet du poète est de montrer qu'il est possible de donner un sens poétique à ce thème. Il fait donc voir littéralement la beauté du mal. Le terme « fleurs » renvoie également à l'idée d'élaboration et de culture. Le titre peut être lu alors comme l'annonce d'un livre qui montre le développement, l'épanouissement et le progrès du mal qui a raison de son opposé, l'idéal. On peut y voir aussi l'image de fleurs cueillies dans un champ de souffrance.

Les deux noms communs du titre présentent une opposition interprétable de plusieurs façons. Les fleurs sont évidemment liées à l'idée de beauté et d'idéal, alors que le mal est associé à la laideur et à ce qu'il y a de plus bas, de moins poétique dans ce monde. Mais il faut aussi considérer que le terme « mal » possède un double sens puisqu'il évoque à la fois le péché et la souffrance. Le titre suggère donc également l'opposition du bonheur et du malheur. Enfin, les « fleurs » sont un véritable lieu commun de la poésie. Elles ont été représentées depuis longtemps dans la tradition poétique alors que la représentation du mal est plutôt récente et inattendue. Le titre présente donc le choc de l'ancien et du nouveau.

JEANNE DUVAL
DESSIN DE BAUDELAIRE.

MUSÉE DU LOUVRE, PARIS.

LES PARTIES

Au Lecteur

Le poème *AU LECTEUR*, qui sert en quelque sorte de préface, est d'une importance capitale dans le recueil puisqu'il introduit la dimension métaphysique du livre. L'homme est marqué par le péché puisque, sur la Terre, c'est Satan qui triomphe. Ce poème donne le ton au recueil, car il constitue déjà une provocation par ce geste très apparent qui consiste à mettre à égalité l'auteur et les lecteurs devant cette maladie morale qu'est «l'Ennui»:

> «Tu le connais, lecteur, ce monstre délicat,
> — Hypocrite lecteur, — mon semblable, — mon frère!»

Spleen et Idéal

La première section, *SPLEEN ET IDÉAL,* est sans doute la plus importante du recueil. Au début, le poète veut échapper à l'ennui en tentant d'atteindre à la beauté et à l'idéal. Le cycle de l'art met en scène la condition du poète et sa mission en présentant d'abord la grandeur du poète (I à VI), puis sa misère (VII à XVI) et la beauté qu'il tente d'atteindre (XVII à XXI). Après l'art, la femme est associée à la recherche d'un idéal qui se redéfinit sans cesse. Les poèmes XXII à XXXIX s'inspirent de la figure de Jeanne Duval, comédienne que Baudelaire a fréquentée pendant plusieurs années. Ce sont les poèmes de l'amour charnel et sensuel qui devient parfois luxure et débauche. Viennent ensuite des pièces tout à fait opposées aux précédentes et consacrées à Mme Sabatier (XL à XLVIII), femme célèbre dans le Paris mondain de l'époque qui recevait les artistes chez elle. Dans ces poèmes présentant un amour idéal et inaccessible, la femme fait apparaître un monde de beauté. Marie Daubrun, autre actrice qu'a connue Baudelaire, est évoquée dans le cycle suivant (XLIX à LVII). Celle-ci est présentée comme une femme à la fois idéalisée et sensuelle. Les poèmes qui lui sont consacrés rappellent ceux dédiés aux deux femmes précédentes. Enfin, un cycle présente les inspiratrices secondaires (LVIII à LXIV).

Après s'en être remis à la poésie et aux femmes, le poète ne peut que constater qu'il n'arrive pas à échapper au mal. Le cycle suivant est celui de l'échec de l'idéal et de la rencontre du spleen déjà annoncée dans le poème qui ouvre le recueil. Ce cycle du spleen triomphant (LXV à LXXXV) a en son centre les pièces intitulées *Spleen* qui permettent de voir l'originalité du traitement de ce thème par Baudelaire.

Tableaux parisiens

Dans la deuxième section, le poète s'en remet à ce spectacle que constitue la ville moderne avec ses personnages et ses agitations. La ville est une grande séductrice qui tente l'homme par ses charmes et ses plaisirs. Cependant, il en ressort surtout une grande solitude pour le promeneur qui traverse la foule des hommes.

Trois cycles se dégagent de cette section. D'abord, la ville est vue sous son visage diurne (LXXXVI à XCIV), ensuite sous son visage nocturne (XCV à CII) et finalement l'aube se pointe pour clore la section (CIII).

Le Vin et Fleurs du mal

Les deux sections suivantes représentent la recherche d'évasion dans le but d'échapper à la condition humaine. Dans la section intitulée *Le Vin* (CIV à CVIII), l'ivresse du vin présente une fuite éphémère qui ne peut satisfaire le poète épris d'idéal. Il en est de même dans la section *Fleurs du mal* (CIX à CXVII) où l'échappatoire prend la forme des plaisirs de la chair et du vice. Comme son titre le suggère, dans cette section se retrouvent les pièces qui permettent de voir plus nettement l'intention de Baudelaire d'extraire la beauté du mal.

Révolte

La section *Révolte* (CXVIII à CXX) représente l'ultime recours avant la mort. Le poète se rebelle en vain contre la vie terrestre, qu'il ne peut supporter. La révolte emprunte particulièrement le ton du blasphème puisque c'est à Dieu qui abandonne les hommes sur la Terre — où Satan règne — que s'en prend le poète.

La Mort

En toute fin, la mort est la seule issue dans ce monde voué au mal (CXXI à CXXVI). Le poète doit l'accueillir avec résignation. Elle est la seule qui puisse libérer le poète de la matière et du monde qui l'accablent. L'idéal ne sera jamais atteint sur Terre, mais il reste à espérer qu'ailleurs l'homme puisse trouver du « *nouveau* », selon le dernier mot du livre.

Le Spleen de Paris ou Petits poèmes en prose

Les poèmes qui composent *Le Spleen de Paris* font écho à ceux des *Fleurs du mal*, puisque leurs thèmes sont en grande partie communs. Cependant, la forme que prennent les poèmes diffère radicalement d'un recueil à l'autre. Au sujet de la forme du sonnet, qu'il a empruntée pour un grand nombre de poèmes des *Fleurs du mal*, Baudelaire écrit à Armand Fraisse en février 1860 : « Parce que la forme est contraignante, l'idée jaillit plus intense. Tout va bien au sonnet : la bouffonnerie, la galanterie, la passion, la rêverie, la méditation philosophique. Il y a là la beauté du métal et du minéral bien travaillés. Avez-vous observé qu'un morceau de ciel, aperçu par un soupirail ou entre deux cheminées, deux roches ou par une arcade, donnait une idée plus profonde de l'infini que le grand panorama vu d'en haut d'une montagne ? » Pourtant, dès 1855, Baudelaire songe à renouveler la forme de ses poèmes. La poésie française était depuis longtemps figée et conventionnelle, tout au contraire de la prose. S'inspirant en grande partie du poète Aloysius Bertrand, qui avait publié plus tôt dans le siècle un recueil de poèmes en prose intitulé *Gaspard de la nuit*, il tente de faire un « pendant » (selon son propre mot) aux *Fleurs du mal* en écrivant en prose des poèmes dont l'inspiration serait voisine de son recueil de 1857 ou identique à celle-ci.

Baudelaire qui se soucie de faire une œuvre moderne voit dans le poème en prose, en plus d'un affranchissement de la forme classique, une possibilité de créer « le miracle d'une prose poétique, musicale sans rythme et sans rime, assez souple et assez heurtée pour s'adapter aux mouvements lyriques de l'âme, aux ondulations de la rêverie, aux soubresauts de la conscience ».

Pour le lecteur non averti, les poèmes en prose peuvent être déroutants. En effet, les pièces n'étant pas écrites en vers, le lecteur peut s'attendre à lire de brèves histoires qui accordent une place importante aux récits d'événements. Les images poétiques, qui sont au cœur du poème versifié, sont également au cœur du poème en prose. La description occupe donc une place centrale dans le poème en prose et réduit l'importance des événements.

Le Spleen de Paris est une œuvre que Baudelaire aurait voulu plus grande. Il envisageait de publier 100 poèmes en prose, alors que l'édition posthume de 1869 n'en comporte que 50. Comme l'indique le titre du recueil, Paris est au cœur de l'œuvre. Il n'est donc pas étonnant de constater que le recueil rappelle de façon particulière la section TABLEAUX PARISIENS des *Fleurs du mal*. Le titre aurait pu se lire comme suit : *Le Mal de Paris*. La misère urbaine et l'immoralité de la ville y sont représentées de façon originale, sans désir de glorification. Le poète donne l'impression d'être dans la foule, de faire partie intégrante du peuple et d'écrire de l'intérieur de ce magma urbain. Avec Baudelaire disparaît l'image d'un poète supérieur au commun des mortels. Le poète fait corps avec la société qu'il décrit. Il est à l'image de ce poète qui, dans PERTE D'AURÉOLE, laisse son auréole dans la rue.

Le style baudelairien

UNE RHÉTORIQUE DE L'ORIGINALITÉ

Il faut considérer que l'écriture de Baudelaire est fondée en grande partie sur la recherche de l'originalité et de l'étonnement. Après des siècles pendant lesquels avait triomphé une rhétorique de l'éloquence qui s'appuyait toujours sur des modèles, les auteurs romantiques de la première moitié du XIXe siècle ont accordé davantage d'importance à la recherche de l'originalité. C'est pourquoi Victor Hugo, dans sa célèbre préface à la pièce *Cromwell*, insistait sur l'importance de « faire nouveau » et d'éviter l'imitation. Baudelaire suit en quelque sorte ce chemin, mais il est plus juste de dire qu'il le prolonge, car son écriture présente des images nouvelles qui étonnent, et choquent même parfois, au-delà de ce que faisaient les romantiques. Dans une lettre,

Hugo lui écrira d'ailleurs à juste titre qu'il est un «frisson nouveau» pour la littérature de son siècle.

Cette originalité baudelairienne se perçoit dans les accouplements étonnants de certains noms communs avec leur épithète, tel ce «ventre effondré» du poème UN VOYAGE À CYTHÈRE. Elle se perçoit également dans de surprenantes comparaisons, inédites à l'époque de la publication des poèmes de Baudelaire. Ainsi, ces vers de CRÉPUSCULE DU SOIR, ne sont pas sans agacer certains hommes du temps qui se sentent attaqués par leur propos:

«Cependant des démons malsains dans l'atmosphère
S'éveillent lourdement, comme des gens d'affaire […]»

Le poète cherche à créer un choc des images qui retiendra l'attention par sa singularité et son caractère inopiné. Il s'est également attaché à formuler des descriptions macabres et réalistes qui étonnent parce qu'aucun effort n'est fait pour atténuer leur effet sur le lecteur. Le poème UNE CHAROGNE avec ses «larves, qui coulaient comme un épais liquide» en constitue un bon exemple.

LES FIGURES DE RÉPÉTITION

Baudelaire a également accordé beaucoup d'importance aux figures de répétition. Ces dernières lui permettent de manifester une insistance qui crée une impression dans l'esprit du lecteur. Une forme particulière d'insistance, utilisée dans certains poèmes, est celle du refrain tel qu'on le voit dans L'INVITATION AU VOYAGE, où les vers suivants sont répétés à trois reprises à la suite de strophes qui prennent l'allure de couplets:

«Là, tout n'est qu'ordre et beauté,
Luxe, calme et volupté.»

Dans d'autres poèmes, le premier vers encadre la strophe en étant répété à la fin de celle-ci. Cette répétition donne une impression de langueur à ces poèmes et rappelle également les textes liturgiques qui accordent une place importante à la répétition. La première strophe du poème LE BALCON, par son invocation, rend bien cette impression :

> « Mère des souvenirs, maîtresse des maîtresses,
>   Ô toi, tous mes plaisirs ! ô toi, tous mes devoirs !
>   Tu te rappelleras la beauté des caresses,
>   La douceur du foyer et le charme des soirs,
>   Mère des souvenirs, maîtresse des maîtresses ! »

Un autre exemple original est celui du poème HARMONIE DU SOIR, où les deuxième et quatrième vers sont répétés dans la strophe suivante aux premier et troisième vers. Cette structure imite celle du pantoum, poème d'origine malaise.

TROIS FIGURES DE STYLE

L'allégorie

Dans les poèmes de Baudelaire, l'allégorie consiste à représenter concrètement une idée, un principe moral ou tout autre abstraction en lui donnant corps. Baudelaire a utilisé en plusieurs endroits les ressources de cette figure de rhétorique, qui lui permet de concentrer des notions abstraites importantes dans ses poèmes. Plusieurs allégories peuvent être citées, notamment celle du mal, principe moral personnifié à plusieurs reprises dans la figure de Satan. On le trouve plus particulièrement dans Les Fleurs du mal, dès le premier poème de ce recueil, AU LECTEUR, jusqu'au premier projet d'épilogue qui devait clore l'édition de 1861. Une des plus célèbres allégories est certes celle de LA BEAUTÉ, qui s'adresse aux « mortels » et annonce souverainement :

> « Je suis belle, ô mortels ! comme un rêve de pierre,
>   Et mon sein, où chacun s'est meurtri tour à tour,
>   Est fait pour inspirer au poète un amour
>   Éternel et muet ainsi que la matière. »

L'allitération

L'allitération est la répétition d'un son auquel on attache souvent un sens particulier. Baudelaire privilégie cette figure, car elle crée une fusion entre les mots employés concrètement et le sens évoqué par le poème. Dans le poème en prose intitulé UN HÉMISPHÈRE DANS UNE CHEVELURE, la répétition des sons [l] et [m], dans la première strophe, évoque la langueur et l'envoûtement suggérés par le propos du texte :

> « Laisse-moi respirer longtemps, longtemps, l'odeur de tes cheveux, y plonger tout mon visage, comme un homme altéré dans l'eau d'une source, et les agiter avec ma main comme un mouchoir odorant, pour secouer des souvenirs dans l'air. »

L'oxymore

L'oxymore consiste en un rapprochement de mots dont les définitions semblent se contredire. Cette figure de style, centrale dans la poésie de Baudelaire, permet à ce dernier d'effectuer l'alliance des contraires nécessaire à sa pensée de l'unité exposée dans le poème CORRESPONDANCES. La poésie de Baudelaire, qui tente de résoudre les contradictions qui forment l'univers, en use donc à plusieurs reprises. On en trouve notamment dans les cycles consacrés aux femmes, puisque l'oxymore illustre parfaitement la contradiction fondamentale que forme la femme dans la perspective de Baudelaire (voir p. 195-196 et 199). Dans le quarante-deuxième poème des *Fleurs du mal*, dédié à Mᵐᵉ Sabatier, on lit que « Sa chair spirituelle a le parfum des Anges ». L'accouplement du terme « chair » et du terme « spirituelle » illustre parfaitement l'ambivalence féminine que le poète veut mettre en lumière, puisqu'il présente à la fois l'aspect charnel et l'aspect divin de la femme.

LA TRADITION DANS LA MODERNITÉ

Le rapprochement incessant entre l'ancien et le nouveau constitue une contradiction fondamentale dans la poésie baudelairienne. *Les Fleurs du mal* innovent en bien des domaines — thématique, rhétorique, représentation du monde — et empruntent plusieurs

Buste de Madame Sabatier (1847).
Sculpture de Jean Baptiste Auguste Clésinger
(1814-1883).

Musée du Louvre, Paris.

formes de la poésie classique, particulièrement l'alexandrin et le sonnet. Par ailleurs, le recueil parle autant de la réalité parisienne au xixe siècle que des figures distinguées de la mythologie de l'Antiquité grecque. *Le Cygne* est particulièrement éloquent à ce sujet puisqu'il met en scène un cygne perdu dans un Paris transformé par les travaux d'aménagement urbain qui ont lieu à l'époque de Baudelaire, tout en évoquant Andromaque, figure de l'exilé :

> « Andromaque, je pense à vous ! Ce petit fleuve,
> Pauvre et triste miroir où jadis resplendit
> L'immense majesté de vos douleurs de veuve,
> Ce Simoïs menteur qui par vos pleurs grandit,
>
> A fécondé soudain ma mémoire fertile,
> Comme je traversais le nouveau Carrousel.
> Le vieux Paris n'est plus (la forme d'une ville
> Change plus vite, hélas ! que le cœur d'un mortel) [...] »

La représentation du monde

L'IMAGINAIRE CHRÉTIEN

Lorsque Baudelaire est accusé de porter outrage à la religion, à la suite de la publication des *Fleurs du mal,* il se défend en affirmant que ses poèmes sont héritiers de l'imaginaire chrétien et que le mal y est représenté comme dans la Bible. Afin de ne pas répéter les erreurs d'interprétation de ceux qui le condamnaient, il faut se rappeler l'origine du mal et de la souffrance dans la perspective chrétienne.

Selon la doctrine chrétienne, dans un âge passé, l'univers était marqué par une harmonie et une unité. Tout n'était qu'esprit et semblait infini et éternel ; bref, tout était « Idéal ». Les tourments qui viennent du matériel ou du corporel (maladie, vieillesse, faim) n'existaient pas. Cependant, quand l'homme est chassé du paradis terrestre, l'univers se transforme. C'est ce que les chrétiens appellent la « chute ». Dès lors, l'homme est oppressé, incompris, comprimé dans son corps et sans cesse limité par ses faibles moyens physiques ; c'est pour

Baudelaire le règne du « spleen ». Dans son œuvre, cette transforma-
tion de l'univers, cette chute, est souvent évoquée dans les pièces où
l'on décrit un mouvement vertical descendant qui oppresse. Le cas le
plus éloquent est sans doute L'ALBATROS, qui représente cet animal
chutant lui-même et passant d'un état idéal à un état spleenétique.

Maintenant qu'il est sur la Terre où règne Satan, incarnation du
« mal » à la fois immoralité et souffrance, l'individu est victime de ses
limites bien sûr, mais aussi de la part inconsciente de sa personne qui se
souvient vaguement de ce passé pendant lequel il était en harmonie
avec l'univers. Cet obscur souvenir fait apparaître en lui une mélancolie
lourde qui fait souvent suite à des moments d'extase. Chez Baudelaire,
la beauté d'un paysage, une femme qui passe dans la rue ou les impressions que fait naître un parfum sont quelques exemples de ce qui
évoque un passé idéal en complète opposition avec le monde terrestre
où l'homme est enfermé dans le présent et replié dans sa solitude.

LES CORRESPONDANCES

Baudelaire, marqué par sa lecture des récits bibliques, s'est attaché
à évoquer l'unité à l'origine du monde dans son œuvre. Cette unité
invisible qui se cache derrière les apparences est sentie par l'homme
qui découvre des analogies, c'est-à-dire des ressemblances que peut
reconstituer l'imagination. Baudelaire conçoit que l'univers est formé
de correspondances qui révèlent l'unité originelle de cet univers.

On peut distinguer les trois types suivants de correspondances
dans l'œuvre de Baudelaire.

Les correspondances horizontales

Les correspondances horizontales, qu'on appelle souvent synesthé-
sies, consistent en un rapprochement entre deux ou plusieurs phénomènes perceptibles par différents sens. Par exemple, associer l'aspect
des feuilles mortes de l'automne au son mélancolique du violon, c'est
établir une correspondance horizontale. L'aspect des feuilles se perçoit
par la vue alors que le son du violon se perçoit par l'ouïe. De même,
rapprocher un cri strident (très aigu et intense) à la sensation d'une
pointe de couteau sur la peau consiste à suggérer une correspondance

entre un phénomène perceptible par l'ouïe et une sensation perceptible par le toucher.

Les correspondances verticales

Les correspondances verticales établissent une analogie entre l'aspect concret d'une chose ou d'un phénomène et un monde imaginé. Il y a, par exemple, correspondance verticale lorsqu'une odeur rappelle un « monde » de souvenirs, qui peut être un lieu avec son atmosphère propre ou la voix de quelqu'un rencontré il y a longtemps. Chez Baudelaire, les correspondances verticales font souvent apparaître des lieux exotiques et idylliques créés par l'imagination du poète.

Les correspondances morales

Les correspondances morales suggèrent une ressemblance entre un ou plusieurs phénomènes perceptibles par les sens et un sentiment. L'association souvent suggérée entre la mélancolie et le coucher du soleil relève de la correspondance morale, puisque le coucher du soleil se perçoit par la vue et que la mélancolie est un sentiment humain. Dire d'une pièce de musique qu'elle est joyeuse est également faire une correspondance morale : la musique se perçoit par l'ouïe, et la joie est un sentiment.

LE RÔLE DU POÈTE

Ces correspondances révèlent donc une communion qui avait cours dans le monde avant la chute de l'homme. Elles rappellent ou évoquent de façon parfois abstraite l'unité fondamentale de l'univers. Le rôle du poète pour Baudelaire est de soulever le voile qui cache cette harmonie originelle, de faire comprendre le langage des choses muettes. Le poète, en faisant des rapprochements inattendus, met en lumière des vérités fondamentales que l'homme ne perçoit pas en temps normal. En conséquence, l'espace de la poésie baudelairienne n'a pas de limites. Pour créer du nouveau, le poète ne peut se limiter à observer ce qui est traditionnellement considéré comme faisant partie du domaine de la poésie ou du beau. Baudelaire a élargi le champ d'investigation du poète. Poursuivant le chemin esquissé par Victor Hugo, il s'intéresse particulièrement aux sentiments et aux choses que l'on considère comme appartenant au mal ou au laid afin de montrer que le laid est également poétique, c'est-à-dire riche de sens et d'analogies. Il disait lui-même en parlant de son œuvre : « J'ai pris de la boue et j'en ai fait de l'or. »

Les principaux thèmes

L'IDÉAL

Dans l'œuvre de Baudelaire, les thèmes qui relèvent de l'idéal sont liés à une évasion physique et spirituelle qui éveille ce qu'il y a de plus élevé chez l'homme : le raffinement, la sensation de l'infini et de l'éternel et la sérénité. Cette évasion arrache l'homme de sa condition animale et humaine. Les contraintes physiques et les troubles de la conscience disparaissent lorsque l'âme est portée ailleurs dans des sphères où elle s'épanouit et semble retrouver un état pour lequel elle serait née. Cinq thèmes peuvent être rattachés à la notion d'idéal : l'art, la beauté, l'inspiratrice, les sensations, ainsi que le voyage et l'exotisme.

L'art

L'art est placé au-dessus de tout. Que l'œuvre d'art appartienne au domaine de la poésie, de la peinture ou de la musique, elle permet à l'individu d'atteindre l'idéal parce qu'elle se détache du monde en proposant une évasion qui éveille les sensations les plus étranges et les plus profondes, et fait appel aux facultés supérieures de l'homme. Afin de donner une valeur quasi divine aux femmes qui inspirent un fort sentiment, Baudelaire les décrit souvent de façon à suggérer implicitement ou explicitement qu'elles sortent tout droit d'une peinture ou qu'elles s'apparentent à une sculpture, comme on le voit dans le poème intitulé LES BIJOUX, où le poète décrit une femme ainsi :

« Les yeux fixés sur moi, comme un tigre dompté,
    D'un air vague et rêveur elle essayait des poses [...] »

De même, les paysages qui font naître une émotion singulière sont fréquemment comparés à des tableaux ou à un air de musique qui leur ressemblent. Par ailleurs, tout ce qui relève de l'artificiel (les bijoux, les parfums, les vêtements) appartient de façon générale au domaine de l'idéal. Enfin, l'art s'oppose aux valeurs bourgeoises puisqu'il ne relève pas de ce qui est pratique et ne cherche pas à satisfaire des besoins corporels, mais qu'il s'adresse à ce qui est souverain et se suffit à lui-même : l'esprit.

La beauté

La beauté est intimement liée à l'art. Cependant, elle se manifeste non seulement à travers les œuvres, mais également dans la nature ou chez la femme. Comme l'art, la beauté fait rêver et fait oublier les misères terrestres du poète. Elle est comme un masque sans cesse renouvelé qui donnerait accès à une vérité profonde et métaphysique. La beauté doit donc être comprise en tant qu'essence — en tant qu'«être» — et pas uniquement comme une apparence. Elle se réincarne sans cesse, et le poète peut s'adresser à elle, comme il le fait dans le poème *HYMNE À LA BEAUTÉ*, où il rappelle certaines de ses manifestations :

> « L'éphémère ébloui vole vers toi, chandelle,
> Crépite, flambe et dit : Bénissons ce flambeau !
> L'amoureux pantelant incliné sur sa belle
> A l'air d'un moribond caressant son tombeau. »

Il faut donc considérer que ce sont les paysages, les femmes, les airs de musique ou les beaux meubles, notamment, qui sont des apparences de cet « être » qu'est la beauté et non pas que la beauté est un qualificatif qui peut servir à caractériser l'apparence de ces choses.

L'inspiratrice

Les femmes sont ambivalentes dans les poèmes de Baudelaire : elles sont parfois liées à la beauté et au bien, et parfois liées à la laideur et au mal. Une femme peut faire naître un sentiment de plénitude et d'envoûtement qui transporte l'âme dans un état de grâce et de splendeur. Tantôt, elle rappelle les époques lointaines où tout semblait harmonie et délice, tantôt elle inspire un bien-être semblable à celui de l'enfant auprès de sa mère. D'autres fois, l'odeur de son parfum ou de son corps provoque une rêverie qui fait apparaître un paysage exotique et sensuel, comme on le voit dans *Parfum exotique* :

> « Quand, les deux yeux fermés, en un soir chaud d'automne,
> Je respire l'odeur de ton sein chaleureux,
> Je vois se dérouler des rivages heureux
> Qu'éblouissent les feux d'un soleil monotone [...] »

La femme est donc en quelque sorte un point de départ à une rêverie qui fait apparaître un monde à la mesure de la spiritualité de l'homme.

Les sensations

Les sensations permettent de pressentir les correspondances (voir p. 192) qui révèlent l'unité originelle de ce monde. Elles sont une sorte d'extension aux cinq sens qui ouvre les portes d'un espace inconnu où le temps s'efface et où l'individu rentre en contact avec les vérités supérieures de ce monde. Les sensations étonnent donc parce qu'elles sont révélées par le corps — elles sont à la fois manifestation et plaisir —; pourtant elles donnent accès à un monde métaphysique, c'est-à-dire qui se situe au-delà du monde matériel. Les poèmes *Le Crépuscule du soir* (celui en vers et celui en prose) montrent bien l'importance des sensations. Dans l'avant-dernier paragraphe du poème écrit en prose, le crépuscule et ses couleurs sont comparés aux sentiments qui tourmentent le cœur des hommes :

> « Crépuscule, comme vous êtes doux et tendre ! Les lueurs roses qui traînent encore à l'horizon comme l'agonie du jour sous l'oppression victorieuse de sa nuit, les feux des candélabres qui font des taches d'un rouge opaque sur les dernières gloires du couchant, les lourdes draperies qu'une main invisible attire des profondeurs de l'Orient, imitent tous les sentiments compliqués qui luttent dans le cœur de l'homme aux heures solennelles de la vie. »

Le voyage et l'exotisme

Dans l'œuvre de Baudelaire, le voyage est plutôt fantasmé que réaliste. Il provient de l'imagination et ne présente pas des lieux visités par le poète, mais plutôt des contrées sorties tout droit de son imagination. Les poèmes qui décrivent des lieux exotiques présentent surtout un ailleurs qui éloigne le poète de la lourdeur de sa vie quotidienne et monotone. Le paysage exotique est comme un personnage dont les caractéristiques révèlent une personnalité singulière. Baudelaire décrit des paysages sereins qui donnent un aspect idéal et spirituel aux décors, comme on peut en voir dans L'INVITATION AU VOYAGE. Ces paysages sont à l'opposé des brumes et des ciels lourds de la ville qui illustrent l'abattement du poète. Dans la contrée fantasmée, le temps semble s'arrêter, et l'homme n'est plus hanté par le devoir et la contrainte. Il peut rêver et contempler à loisir. Tout ce qui l'entoure s'adresse à ses facultés supérieures, « À l'âme en secret », et le lance dans une rêverie qui l'arrache du monde matériel.

Le voyage est également conçu comme évasion pure, sans destination propre. Cette forme d'échappatoire à la réalité emporte le poète vers des sphères spirituelles loin de la vie des hommes. Dans Le Spleen de Paris, ce désir prend franchement les allures de la mort dans des pièces comme L'ÉTRANGER et ANY WHERE OUT OF THE WORLD.

LE SPLEEN

Si l'idéal appartient à des lieux étrangers et à des époques antérieures, le spleen est fortement ancré dans le présent et dans l'ici. Pour Baudelaire, l'homme est dans son corps comme dans une prison. Le corps demande d'être nourri et de se reposer. Il se transforme avec le temps et chemine vers un déclin qui opprime l'individu et le limite progressivement. Tout à l'opposé des animaux, l'être humain est marqué par une conscience qui l'accable de remords et l'empêche d'agir uniquement pour son propre bien. L'esprit humain est également habité par la nostalgie et la mélancolie qui pèsent lourd, au point de laisser croire que l'homme est un damné sur Terre et que sa vie terrestre correspond à un séjour en enfer. Cinq thèmes peuvent être rattachés à la notion de spleen : l'utile, le laid, la tentatrice, le temps et la claustrophobie.

L'utile

Tout ce qui est utile et pratique, tout ce qui permet à l'homme de mieux vivre, se voit valoriser davantage à mesure qu'avance le XIXᵉ siècle. Les progrès de la science qui permettent d'améliorer la condition humaine ont fortement contribué à la promotion de l'« utile ». Cette valorisation est encouragée par la bourgeoisie qui possède l'argent nécessaire au progrès dans les secteurs de l'économie et de la science. Ces progrès profitent donc au confort de l'homme. La classe bourgeoise fait même de cette capacité à vivre dans une certaine aisance un synonyme de dignité.

Pour beaucoup, dont Baudelaire, les progrès dont témoigne le siècle ne touchent que la dimension corporelle de l'homme. L'homme en tant que tel, c'est-à-dire sa spiritualité, sa conscience, sa morale, sa pensée, etc., demeure le même malgré les progrès. L'obsession du progrès matériel, qui revient toujours à améliorer le bien-être corporel de l'homme, rabaisse celui-ci au rang de l'animal qui ne se préoccupe que de manger, de survivre et de perpétuer son espèce, sans souci d'ordre spirituel. L'utile est donc à l'opposé de ce qui est essentiellement gratuit, inutile, telle la création artistique qui distingue pourtant l'homme de l'animal, comme le montre de façon éloquente le poème intitulé Le Chien et le Flacon.

Le laid

Ce qui est laid chez Baudelaire est donc ce qui n'est pas fait pour l'esprit. Le poète a choisi de donner peu de place dans son œuvre aux produits du progrès de son époque, mais il a en revanche représenté souvent l'attitude bourgeoise et ignorante devant la beauté et le sublime. Le comportement des « hommes d'équipage » dans le poème L'Albatros en est une illustration.

Par ailleurs, le poète valorise souvent ce qui est traditionnellement considéré comme appartenant à l'immonde. Baudelaire a voulu voir dans ce qu'on appelle la laideur le signe d'une réalité spirituelle qui n'appartient pas à ce monde. Ainsi, il représente magnifiquement une charogne en décomposition (Une Charogne) ou un corps en putréfaction (Un Voyage à Cythère) en montrant que ces « objets » révèlent une vérité essentielle au sujet de la vie de l'homme. Il cherche donc littéralement, comme le suggère le titre de son premier recueil, à extirper la beauté de la laideur, ce qu'il y a de bien dans ce qui semble mal, la richesse dans l'apparence de pauvreté.

La tentatrice

La femme est souvent vue d'un mauvais œil par Baudelaire. Elle symbolise la tentation de la chair qui manifeste la présence de Satan et du mal (immoralité et souffrance) sur Terre (voir la section *FLEURS DU MAL*). La femme est celle qui cause la souffrance morale dans l'âme du poète, et parfois tout son être semble conçu pour hanter et vider l'être même de sa victime. Tel est le cas de la femme, dans le poème *LE VAMPIRE*, à laquelle le poète dit :

> « Toi qui, comme un coup de couteau,
> Dans mon cœur plaintif es entrée ;
> Toi qui, forte comme un troupeau
> De démons, vins, folle et parée,
>
> De mon esprit humilié
> Faire ton lit et ton domaine ;
> — Infâme à qui je suis lié
> Comme le forçat à la chaîne,
>
> Comme au jeu le joueur têtu,
> Comme à la bouteille l'ivrogne,
> Comme aux vermines la charogne,
> — Maudite, maudite sois-tu ! »

Le temps

Le passage du temps afflige le poète parce qu'il se sent engagé dans un contre-la-montre dont la fin est ultime et irrémédiable. À l'image de ce que l'on voit dans les poèmes intitulés *L'HORLOGE* et *L'ENNEMI*, le temps est assassin dans la poésie baudelairienne, et l'horloge est un « dieu sinistre ». Le caractère éphémère, limité, du temps s'oppose à l'éternel dont est épris le poète en quête d'absolu. Les limites du temps marquent donc tout dans ce bas monde, et particulièrement les plaisirs qui sont inévitablement fugitifs et appelés à disparaître.

15271

— Qu'est-ce qui a pu fourrer les *Fleurs du Mal* de cet affreux mosieu Baudelaire dans les mains de ma fille!...

CARICATURE DU *JOURNAL AMUSANT* DE 1858.

Par ailleurs, le temps constitue un facteur essentiel à la nostalgie présente dans un grand nombre de poèmes. Cette nostalgie est une des constituantes principales du spleen baudelairien. Le passé, à la manière dont on le représente dans l'imaginaire chrétien, est vénéré et synonyme du bonheur perdu et englouti. Le quatre-vingt-dix-neuvième poème qui débute par le vers : « Je n'ai pas oublié, voisine de la ville, » est un de ceux qui illustrent le plus simplement cette idéalisation du passé.

La claustrophobie

À l'inverse du voyage et de l'évasion qui servent à représenter le poète dans un état idéal, la claustrophobie le représente dans sa condition spleenétique. En effet, dans l'œuvre de Baudelaire, le spleen est souvent évoqué par la représentation de l'accablement, d'un poids à porter, de l'enfermement ou de l'oppression. La claustrophobie apparaît dans les poèmes qui parlent de la mort, par exemple LE MAUVAIS MOINE ainsi que REMORDS POSTHUME, ou ceux qui représentent le monde exerçant une forte pression sur les êtres humains, tel qu'on le voit dans le poème SPLEEN qui débute par les vers suivants :

> « Quand le ciel bas et lourd pèse comme un couvercle
> Sur l'esprit gémissant en proie aux longs ennuis,
> Et que de l'horizon embrassant tout le cercle
> Il nous verse un jour noir plus triste que les nuits […] »

Portrait de Baudelaire (1847).
Tableau de Gustave Courbet (1819-1877).

Musée Fabre, Montpellier.

© Erich Lessing. Art Resource, NY.

PLONGÉE
DANS L'ŒUVRE

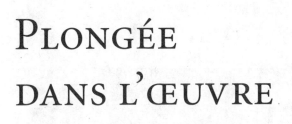

AFFICHE POUR L'ADJUDICATION DU DROIT DE
PUBLICATION DES ŒUVRES DE BAUDELAIRE.

QUESTIONS SUR *LES FLEURS DU MAL*
AU LECTEUR

AU LECTEUR (P. 9)

1. Le poème *AU LECTEUR* fait-il l'éloge de Satan ou montre-t-il plutôt que «nous» sommes de mauvais chrétiens?
2. Quels mots de ce poème ont pu choquer lors de la première publication du recueil?
3. Quelle est la cause la plus importante du malheur des hommes?
4. Que peut-on dire de l'utilisation des pronoms personnels dans ce poème? Quel est le but de Baudelaire?

SPLEEN ET IDÉAL

II *L'ALBATROS*** (P. 11)

1. Les ailes de l'albatros sont essentielles au poème. Tantôt elles lui permettent d'être «roi», tantôt elles le rendent «ridicule».
À quoi peuvent correspondre les «ailes de géant» du poète qui se rapprochent des ailes de l'albatros? Donnez des exemples précis.
2. Distinguez les deux portraits totalement opposés de l'albatros.
3. Les hommes du poème sont-ils liés à l'idée de grandeur ou de bassesse?
4. Relevez les termes qui évoquent la grandeur et la dignité et ceux qui évoquent la bassesse et la honte.
5. Que symbolise l'albatros?

III *ÉLÉVATION*** (P. 12)

1. Quels mots suggèrent l'idée de grandeur?
2. Quels liens peut-on établir entre ce poème et le poème précédent?
3. Quels liens peut-on établir entre ce poème et le poème suivant?
4. Montrez que ce poème est une aspiration vers l'idéal.

N.B.: Les titres de poèmes suivis du symbole ** font l'objet de questions supplémentaires, dans la section «Questions d'un recueil à l'autre», à la page 235.

IV *CORRESPONDANCES* (P. 13)

1. Quels termes évoquent le thème de la religion dans les premiers vers?
2. Le vers 5 est un des plus intéressants de tout le recueil. Relevez la présence des sons [k], [d] et [l]. Montrez que la disposition de ces sons fait apparaître l'illustration sonore de l'écho.
3. Trouvez les correspondances présentes dans cette pièce.
4. Quelle est l'importance du mot «unité» dans le poème?

IX *LE MAUVAIS MOINE* (P. 14)

1. Relevez les termes qui rappellent le thème de la mort.
2. Peut-on établir un lien entre *LE MAUVAIS MOINE* et le poème intitulé *AU LECTEUR* (voir p. 9)? Si oui, lequel?
3. Montrez que ce poème est un de ceux qui illustrent la claustrophobie (voir p. 201).

X *L'ENNEMI* (VOIR «EXTRAIT 1», P. 223)

XI *LE GUIGNON* (P. 16)

1. Commentez la correspondance du treizième vers.
2. Que désignent «les solitudes profondes» du dernier vers?
3. Comment se manifeste le thème de la solitude tout au long de ce poème?
4. Relevez les termes qui évoquent la mort.

XII *LA VIE ANTÉRIEURE* (P. 17)

1. Identifiez l'importante correspondance de la deuxième strophe.
2. Quel est le seul vers qui évoque le mal de vivre?
3. Quels éléments de *LA VIE ANTÉRIEURE* évoquent la vue, l'ouïe et l'odorat?
4. Le narrateur occupe une position centrale dans ce poème. Montrez-le en accordant une importance particulière aux deuxième et quatrième strophes.
5. Trouvez les termes qui permettent d'affirmer que ce poème est une illustration d'un paysage idéal étranger au spleen. Relevez particulièrement ce qui se rapporte à la lumière, à la chaleur et à l'harmonie.

XIV *L'HOMME ET LA MER* (P. 18)

1. Qu'est-ce qui permet d'affirmer que l'homme et la mer sont doubles? Quel vers le souligne particulièrement?
2. Commentez la première rime et celles de la dernière strophe.
3. Montrez que Baudelaire a représenté la mer comme un individu.

XVII *LA BEAUTÉ* (P. 19)

1. Quelles expressions révèlent la faiblesse des artistes dans la première strophe?
2. Quels détails de la description mettent en évidence le caractère idéal de la beauté dans la deuxième strophe?
3. Montrez que la troisième strophe rappelle plusieurs éléments de la première strophe.
4. Quel aspect sombre peut-on attribuer à la beauté, bien que le poème ne le mentionne pas?
5. Le caractère éternel et idéal de la beauté ainsi que la fascination qu'elle exerce sur les hommes lui donnent un aspect divin. Montrez-le.

XIX *LA GÉANTE* (P. 20)

1. Relevez les mots qui suggèrent la comparaison entre le narrateur et un chat.
2. Montrez que, tout en décrivant la nature, ce poème suggère l'image d'un idéal inaccessible.

XXI *HYMNE À LA BEAUTÉ* (P. 21)

1. Quel effet naît de la répétition du son [f] dans les vers 7 et 8?
2. Relevez les oppositions contenues dans ce poème.
3. Trouvez les questions qui ponctuent *HYMNE À LA BEAUTÉ*. Quelle réponse est donnée à ces questions?
4. Ce poème suggère que de la beauté peut naître le mal. Montrez-le.

XXII *PARFUM EXOTIQUE*** (P. 23)

1. Quel type de correspondance est illustré au début du poème *PARFUM EXOTIQUE*? Qu'est-ce qui en est la source?
2. Quel paradoxe se trouve au cœur de cette correspondance (vers 1 à 3)?

3. Dans la première strophe, quels sont les trois éléments associés à la chaleur?

4. Les deux premiers vers de la deuxième strophe évoquent le paysage naturel de l'île, alors que les deux derniers évoquent ses habitants. Peut-on affirmer qu'une certaine harmonie existe entre cette nature et les individus? Justifiez votre réponse.

5. Quels sont les phénomènes olfactifs, visuels et auditifs qui se mêlent dans les deux dernières strophes?

6. Quel chemin parcourt le parfum des tamariniers dans la dernière strophe?

XXIII *La Chevelure*** (p. 24)

1. Trouvez les métaphores*** qui servent à nommer la chevelure.

2. Quels éléments de *La Chevelure* suggèrent le bonheur auquel est associé le paysage?

3. Relevez les expressions qui se rapportent au thème de l'eau. Distinguez les évocations concrètes des évocations symboliques.

XXIV *Je t'adore à l'égal de la voûte nocturne...* (p. 26)

1. Relevez les sentiments qui étonnent par leur originalité.

2. Comment est évoqué le thème de la guerre?

3. Montrez que la distance qui sépare les amoureux est essentielle à ce poème.

XXV *Tu mettrais l'univers entier dans ta ruelle...* (p. 27)

1. Commentez les oxymores*** du dernier vers.

2. Qu'est-ce qui constitue la grandeur de la femme évoquée? Pourquoi fascine-t-elle le narrateur?

3. Montrez que ce poème illustre bien le titre du recueil *Les Fleurs du mal*.

XXVI *Sed non satiata* (p. 28)

1. Quels sens sont évoqués dans ce poème?

2. Trouvez le vocabulaire qui se rapporte au thème du mal.

3. Quel lien existe-t-il entre la «bizarre déité» de ce poème et la «[f]emme impure» du poème précédent?

N.B.: Les figures de style accompagnées du symbole *** sont expliquées à la page 242.

XXVIII *Le serpent qui danse* (**p. 29**)

1. À l'exception des troisième et dernière strophes, chacune des autres strophes se rapporte à une partie du corps ou à une caractéristique physique de la femme décrite. Quelles sont-elles?
2. *Le serpent qui danse* s'inspire de la figure du serpent de l'Ancien Testament. Qu'ont-ils en commun?
3. Quels rapprochements pouvez-vous faire entre ce poème et celui intitulé *Parfum exotique* (voir p. 23)?

XXIX *Une Charogne* (**voir « Extrait 2 », p. 224**)

XXXI *Le Vampire* (**p. 33**)

1. Que pouvez-vous dire de la gradation*** de la troisième strophe?
2. Comment est suggéré l'assassinat?
3. Quel conte célèbre est évoqué dans la dernière strophe?
4. Distinguez les éléments qui permettent de rapprocher la figure du vampire de la personne aimée.

XXXIII *Remords posthume* (**p. 34**)

1. Quels termes appartiennent au thème de la claustrophobie (voir p. 201)?
2. Relevez les mots qui évoquent la mort.
3. Que désigne « ce que pleurent les morts »?

XXXIV *Le Chat* (**p. 35**)

1. Quels attributs du chat se rapportent à ceux de la femme?
2. Comment sont décrits les yeux et le regard du chat?
3. Comment est représentée la femme dans ce poème comparativement aux poèmes *Le Vampire* (voir p. 33) et *Le serpent qui danse* (voir p. 29)?

XXXV *Duellum* (**p. 36**)

1. Qui est triomphant à la fin du poème *Duellum* parce qu'elle sera éternelle?
2. Relevez les caractéristiques et les comportements des deux jeunes guerriers qui les apparentent aux amants.
3. Montrez que ce poème repose sur un paradoxe, étant donné qu'il met en scène le mal qui naît de l'amour.

XXXVI *Le Balcon* (p. 37)

1. Quelle est l'importance de l'arrivée de la noirceur?
   Que signifie-t-elle?
2. Quelles expressions se rattachent au thème de la chaleur
   (humaine ou physique)?
3. Montrez qu'en plus d'avoir un effet sur les amants, le soleil
   symbolise surtout le bonheur éternellement renouvelé.

XXXIX *Je te donne ces vers afin que si mon nom...* (p. 39)

1. Quels éléments rappellent la condition mortelle du narrateur
   et de celle qu'il célèbre?
2. Relevez les oppositions entre la sainteté et la malédiction.
3. Comment est présenté l'art en opposition à la vie humaine?

XL *Semper eadem* (p. 40)

1. *Semper eadem* inaugure le cycle de Mme Sabatier et annonce
   déjà que l'harmonie entre les amants sera aussi absente que
   dans les poèmes précédents. Quelle est la cause de la mésentente
   entre les amants?
2. Quelle est la consolation du poète?
3. Comment y est représentée la femme?

XLI *Tout entière* (p. 41)

1. La figure de cette amante est bien différente de celle des poèmes
   du cycle précédent. Relevez ces différences en vous référant
   au vocabulaire utilisé.
2. Comment se développe la description de l'harmonie
   de la femme?
3. La dernière strophe de ce poème rappelle-t-elle le poème
   Correspondances (voir p. 13) ? Si oui, pourquoi?

XLII *Que diras-tu ce soir, pauvre âme solitaire...* (p. 42)

1. Comment le narrateur se caractérise-t-il? Quel est l'effet de la
   femme aimée sur lui?
2. Quels éléments suggèrent la sainteté et la spiritualité
   de la femme?

XLIII *Le Flambeau vivant* (**p. 43**)

1. Trouvez les mots qui se rapportent au thème de la lumière.
2. Expliquez la contradiction apparente dans le vers 7.
3. Quels vers de cette pièce se rapprochent des vers du poème précédent?
4. Opposez le poème *Le Flambeau vivant* à celui intitulé *Sed non satiata* (voir p. 28) en accordant une importance particulière aux oppositions clarté/noirceur, bonté/méchanceté. Comment se comparent les yeux dans chacun de ces poèmes?

XLIV *Réversibilité* (**p. 44**)

1. Bien que *Réversibilité* ne représente pas les amants comme des ennemis, chaque strophe insiste sur leurs oppositions. Relevez ces oppositions dans chacune des strophes et particulièrement dans les premiers vers de chaque strophe.
2. Pourquoi les mots «Vengeance» et «Fièvres» sont-ils écrits avec des majuscules?
3. Quel effet la répétition du mot «ange» crée-t-elle?
4. Pourquoi peut-on affirmer que cette pièce, par sa composition, rappelle les prières récitées à l'église?

XLV *Confession* (**p. 45**)

1. Quels mots suggèrent l'intimité dans laquelle se fait la confession?
2. Caractérisez la femme dans ce poème. À quel type de femmes peut-elle être associée?
3. Après les poèmes de sérénité où la femme aimée est investie d'une nature quasi divine, ce poème fait apparaître le doute. Montrez que cette note discordante n'est qu'une confession.

XLVI *L'Aube spirituelle* (**p. 47**)

1. Expliquez le titre *L'Aube spirituelle*.
2. Relevez les oppositions dans ce poème.
3. Rapprochez la représentation qui est faite du soleil dans ce poème de celle que l'on trouve dans le poème *Le Balcon* (voir p. 37).

XLVII *Harmonie du soir* (**voir «Extrait 3», p. 226**)

XLVIII *Le Flacon* (p. 49)

1. Quelle gradation*** est particulièrement percutante dans *Le Flacon*?
2. Rapprochez les troisième et quatrième strophes de ce poème de la première strophe du poème précédent.
3. Qu'ont en commun le flacon et le narrateur de ce poème? Qu'est-ce qui les distingue?

XLIX *Le Poison*** (p. 51)

1. Étudiez les correspondances dans ce poème.
2. Ce poème amorce le cycle de Marie Daubrun. Montrez qu'il possède des traits présents dans les deux cycles précédents.

L *Ciel brouillé* (p. 52)

1. Trouvez les mots qui suggèrent l'idée de l'incertitude et du flou.
2. Quels vers correspondent à une sorte de définition du spleen?
3. Étudiez les correspondances dans ce poème.

LII *Le Beau Navire* (p. 53)

1. Expliquez la structure des strophes dans ce poème.
2. Identifiez les éléments décrits dans chacune des strophes.
3. Quels éléments suggèrent l'esprit conquérant de la femme?

LIII *L'Invitation au voyage*** (p. 55)

1. Que décrit chaque strophe?
2. Comparez les vers 7 et 8 à la troisième strophe du poème intitulé *Ciel brouillé* (voir p. 52).
3. Expliquez la correspondance de la première strophe.
4. La semi-consonne appelée «yod», parfois «mouillure», par exemple des mots «verm*eil*», «superfic*iel*» ou «b*ille*», est utilisée à plusieurs reprises dans la première strophe pour suggérer le brouillage dont il est question. Trouvez ces semi-consonnes.
5. Comment se mêlent les éléments sonores et visuels dans la troisième strophe?
6. Trouvez les mots se rapportant à l'odorat dans les vers 18 à 20.

7. Relevez les expressions qui évoquent le thème de la lumière dans la cinquième strophe.

8. Quelle impression la répétition des vers 13 et 14 crée-t-elle?

LVI *CHANT D'AUTOMNE* (P. 57)

1. Quel est le sujet principal de chacune des parties?

2. Que suggèrent les sons décrits dans la première partie?

3. Relevez le vocabulaire qui évoque l'idée de douceur dans la deuxième partie.

LVII *À UNE MADONE* (P. 59)

1. Distinguez chacun des éléments qui composent le tableau esquissé dans la première partie du poème *À UNE MADONE*.

2. Montrez que ce poème présente un contraste frappant en comparant le ton de la première partie à celui de la seconde.

3. Comment expliquer l'utilisation fréquente des majuscules?

LXV *TRISTESSES DE LA LUNE* (P. 61)

1. Quelles couleurs et quels tons sont suggérés tout au long de *TRISTESSES DE LA LUNE*?

2. Quel élément donne une impression de lenteur et de paresse à cette pièce?

LXVI *LES CHATS* (P. 62)

1. Distinguez ce qui est caractéristique des amoureux de ce qui est caractéristique des savants.

2. Relevez les mots qui suggèrent la personnalité énigmatique des chats.

LXVIII *LA PIPE* (P. 63)

1. Quel est l'effet de la pipe sur celui qui l'utilise?

2. Doit-on comprendre que seul le tabac part en fumée? Qu'est-ce qui s'envole véritablement?

LXIX *LA MUSIQUE* (P. 64)

1. Distinguez chacune des analogies formulées qui rapprochent le narrateur d'un navire.

2. Comparez ce poème à celui intitulé *ÉLÉVATION* (voir p. 12).

LXX *Sépulture* (p. 65)

1. Quels personnages de *Sépulture* contribuent à lui donner son air lugubre?

2. Relevez les adjectifs qui caractérisent ces personnages, ainsi que les noms et les verbes qui nomment les actions qu'ils accomplissent.

LXXII *Le Mort joyeux* (p. 66)

1. Qu'est-ce qui contribue à donner une impression de vie et de mouvement à cette pièce?

2. Ce poème, qui rappelle le poème précédent, se distingue néanmoins par la volonté de celui qui sera mort. Pourquoi est-il « joyeux »? Que rejette-t-il?

LXXIV *La Cloche fêlée* (p. 67)

1. La première strophe rappelle à la fois le bonheur et le malheur, alors que la dernière strophe se situe résolument du côté du malheur. Montrez que *La Cloche fêlée* illustre la progression du spleen.

2. Quels mots de cette pièce évoquent le monde militaire?

LXXVI *Spleen*: J'ai plus de souvenirs que si j'avais mille ans. (p. 68)

1. Montrez que la deuxième strophe est un tableau visuel, alors que la dernière est un tableau temporel.

2. Quels mots évoquent le thème de la mort?

3. Comment peut-on caractériser précisément le spleen dans cette pièce?

LXXVIII *Spleen*: Quand le ciel bas et lourd pèse comme un couvercle... (voir « Extrait 4 », p. 227)

LXXIX *Obsession* (p. 70)

1. Dans *Obsession,* comme dans *Correspondances* (voir p. 13), Baudelaire compare les forêts aux lieux de culte. Pour apprécier pleinement cette analogie, faites des rapprochements en énumérant d'abord ce que l'on trouve dans les églises, pour ensuite relever ce qui peut y correspondre dans les forêts.

2. Quelle est la cause du spleen ?
3. Rapprochez ce poème de celui intitulé CORRESPONDANCES.
4. Montrez que ce poème illustre bien l'aversion de Baudelaire pour la nature.

LXXX LE GOÛT DU NÉANT (P. 71)

1. Le titre LE GOÛT DU NÉANT est ambivalent. Quels sont les deux sens que l'on peut lui donner ?
2. Décrivez l'effet du temps dans chaque strophe.
3. Établissez des liens entre les vers 5, 10 et 15 et la strophe qui précède chacun de ces vers.
4. Comparez ce qui est dit de l'« espoir » dans ce poème à ce qui en est dit dans SPLEEN : QUAND LE CIEL BAS ET LOURD PÈSE COMME UN COUVERCLE... (voir p. 69).

LXXXIII L'HÉAUTONTIMOROUMÉNOS (P. 72)

1. Quelle strophe illustre particulièrement le titre de cette pièce ? Justifiez votre réponse.
2. Comment le narrateur s'y prend-il pour représenter progressivement son caractère maudit ?
3. Relevez les allusions chrétiennes.

LXXXV L'HORLOGE (P. 74)

1. Qu'est-ce qui contribue à donner une impression de toute-puissance à ce « dieu sinistre » ?
2. Relevez les occurrences de l'expression « souviens-toi ». Pourquoi avoir choisi ce leitmotiv ?
3. Combien de points d'exclamation trouve-t-on dans le poème L'HORLOGE ? Quel effet naît de leur répétition ?
4. Quel changement observe-t-on dans le texte à la suite du tiret dans le vers 10 ?
5. Pourquoi Baudelaire a-t-il terminé la section SPLEEN ET IDÉAL avec ce poème ?

TABLEAUX PARISIENS

LXXXVIII *À UNE MENDIANTE ROUSSE* (P. 76)

1. Montrez que la beauté de la jeune fille est comparée à une beauté ancienne.
2. Comment le narrateur s'y prend-il pour se décrire?

LXXXIX *LE CYGNE* (P. 79)

1. Trouvez tous les personnages dont la situation est comparée à celle d'Andromaque.
2. Quels éléments du *CYGNE* servent à représenter le spleen du narrateur?
3. Ce poème est-il une allégorie*** ? Justifiez votre réponse.

XC *LES SEPT VIEILLARDS* (P. 82)

1. Après avoir lu *LES SEPT VIEILLARDS*, Victor Hugo écrit à Baudelaire qu'il crée un « frisson nouveau ». Trouvez les éléments qui ont pu motiver une telle réponse.
2. Quels éléments servent à planter le décor dans les premières strophes?
3. Pourquoi le narrateur raidit-il ses nerfs au vers 10?
4. Comment pouvez-vous qualifier l'attitude des vieillards? Quelles expressions peuvent appuyer ce choix?
5. À quoi le narrateur se compare-t-il dans la dernière strophe?

XCIII *À UNE PASSANTE* (P. 85)

1. Comment la ville est-elle représentée dès le premier vers?
2. Quel effet crée la gradation*** dans le vers 12?
3. Quels éléments contribuent à donner une allure théâtrale à la première strophe?
4. Quel vers exprime la rapidité de l'apparition?
5. Comment le narrateur se représente-t-il?
6. Montrez que ce poème met en scène l'éphémère et le passager afin de mieux faire ressortir l'aspect douloureux et inaccessible de la beauté ou de la femme.

XCIV *Le Squelette laboureur* (p. 86)

1. De combien de phrases le poème *Le Squelette laboureur* est-il formé? Qu'est-ce qui distingue la première partie de la seconde?
2. Trouvez les causes de l'angoisse du narrateur.
3. Rapprochez ce poème de *La servante au grand cœur dont vous étiez jalouse...* (voir p. 93).

XCV *Le Crépuscule du soir*** (p. 88)

1. Trouvez les personnages de la ville qui peuplent *Le Crépuscule du soir*.
2. Donnez un titre à chaque strophe.
3. « Et l'homme impatient se change en bête fauve » (vers 4). Relevez les comparaisons animales présentes dans ce poème.
4. Rapprochez le début de ce poème de celui intitulé *Spleen* : *Quand le ciel bas et lourd pèse comme un couvercle...* (voir p. 69).
5. Comparez cette pièce à celle intitulée *Recueillement* (voir p. 115).

XCVI *Le Jeu* (p. 90)

1. Montrez que la scène décrite dans *Le Jeu* est à la fois réaliste et fantastique.
2. Relevez tous les mots qui se rapportent aux couleurs ou à la luminosité. Quelle impression créent-ils?
3. Montrez que l'oxymore*** « funèbre gaieté » résume tout le poème.
4. Quels poèmes de Baudelaire illustrent la constatation dans la dernière strophe?

XCVIII *L'Amour du mensonge* (p. 91)

1. Relevez les expressions qui montrent que la femme à laquelle s'adresse le narrateur n'est plus jeune.
2. Qu'est-ce qui fait sa beauté?
3. Étudiez le sens qui se dégage de chaque rime.
4. Peut-on affirmer que le vers 13 suggère l'idée maîtresse du poème?
5. Qu'est-ce qui permet d'affirmer que la nostalgie est absente de ce poème?

XCIX *JE N'AI PAS OUBLIÉ, VOISINE DE LA VILLE...* (P. 92)

1. Ce poème, comme le poème suivant, est un des plus autobiographiques des *Fleurs du mal*. Quels éléments concourent à donner un ton de nostalgie?
2. Cette pièce se distingue de l'ensemble des *Fleurs du mal* par sa chaleur affective. Quel élément crée particulièrement cette impression?
3. Cette pièce évoque-t-elle davantage le spleen ou l'idéal?

C *LA SERVANTE AU GRAND CŒUR DONT VOUS ÉTIEZ JALOUSE...* (P. 93)

1. Commentez la rime «ingrats/draps» (vers 7 et 8). Quel sens naît du rapprochement de ces deux mots?
2. Quels vers rappellent le poème *UNE CHAROGNE* (voir p. 31)?
3. Comment s'exprime la claustrophobie (voir p. 201)?
4. Montrez que ce poème est à la fois réaliste et fantastique.
5. Montrez que l'hiver sert à illustrer clairement l'opposition entre les vivants et les morts.

CI *BRUMES ET PLUIES* (P. 94)

1. Relevez les mots qui évoquent le thème de la mort.
2. Quelles expressions suggèrent une lumière grise?

LE VIN

CVI *LE VIN DE L'ASSASSIN* (P. 95)

1. Provocateur, *LE VIN DE L'ASSASSIN* illustre plusieurs définitions du mal. Montrez que le mal se manifeste de différentes façons.
2. Comment la joie du narrateur est-elle montrée? Comment celui-ci se représente-t-il?

CVII *LE VIN DU SOLITAIRE* (P. 97)

1. Pourquoi la «lune» est-elle dite «onduleuse»?
2. *LE VIN DU SOLITAIRE* imite les poèmes d'amour. Montrez-le.
3. Montrez que le narrateur évoque les cinq sens.

FLEURS DU MAL

CXII *Les Deux Bonnes Sœurs* (p. 98)

1. Montrez que le poème *Les Deux Bonnes Sœurs* est double, parce qu'il développe une longue comparaison entre la débauche et la mort.
2. Montrez que le poème décrit à la fois la beauté et la laideur des «deux bonnes sœurs».

CXIII *La Fontaine de sang* (p. 99)

1. Donnez un titre à chaque strophe de *La Fontaine de sang*.
2. Pourquoi peut-on affirmer que le treizième vers offre une image particulièrement saisissante?
3. Qu'est-ce qui permet d'affirmer que cette pièce se distingue des autres pièces de sa section (voir p. 184)?

CXVI *Un Voyage à Cythère* (p. 100)

1. Indiquez les éléments de la première strophe qui donnent l'allure idéale au décor.
2. Le corps en putréfaction est-il une allégorie*** du poète? Justifiez votre réponse.
3. Rapprochez le poème *Un Voyage à Cythère* de celui intitulé *Une Charogne* (voir p. 31).
4. Comment se manifeste le thème de la religion dans *Un Voyage à Cythère*?
5. Montrez que ce poème tente d'extraire la beauté du mal.

CXVII *L'Amour et le Crâne* (p. 103)

1. Montrez que *L'Amour et le Crâne* met en scène ce qu'on pourrait appeler le mal de l'amour.
2. Comment le texte illustre-t-il la prétention et le caractère éphémère de l'amour?

RÉVOLTE

CXVIII *Le Reniement de saint Pierre* (p. 104)

1. Quel est le sujet principal des deux premières strophes ?
   Celui des troisième et septième strophes ?
2. Montrez que les première et deuxième strophes s'opposent aux troisième et septième.
3. Commentez le rythme et la phonétique du vers 14. Montrez qu'ils entretiennent un lien avec ce que le vers exprime.
4. Quel est le sens du reniement à la dernière strophe ? Comment le poème conduit-il à penser que saint Pierre a eu raison de nier le Christ ?
5. Relevez tous les épisodes de la vie du Christ évoqués.
6. Montrez que c'est la condition humaine du Christ qui est cause de son malheur.

LA MORT

CXXII *La Mort des pauvres* (p. 106)

1. Ce poème donne plusieurs définitions de la mort, qui sont suivies de mots commençant par « c'est […] ».
   Montrez que ces définitions se partagent entre celles qui renvoient à l'âme et à la spiritualité et celles qui rappellent le corps et la vie matérielle.
2. Relevez les oxymores*** et les paradoxes des six premiers vers.
3. Quels mots nomment ce qui manque aux pauvres dans leur vie terrestre ?

CXXIV *La Fin de la journée* (p. 107)

1. Relevez les mots qui évoquent le thème de la religion.
2. Opposez les termes qui décrivent la vie et son action dans les trois premiers vers à ceux qui se rapportent à la nuit et à son effet sur le narrateur.
3. Quel effet crée la répétition des six « r » dans la dernière strophe ? En quoi cette répétition suggère ce qui est dit dans la strophe ?

CXXVI *Le Voyage*** (p. 108)

1. Quels vers de la première et de la deuxième strophe résument l'idée du spleen en opposant le rêve à la réalité?

2. Dans la deuxième partie de ce poème, quelle est la cause du malheur des voyageurs? Quel lien pouvez-vous établir entre ce malheur et le spleen?

3. Relevez le vocabulaire qui évoque un monde exotique dans la quatrième partie.

4. La sixième partie présente une critique féroce envers tous ceux qui ont les « cerveaux enfantins ». Quelles sont les catégories du genre humain énumérées dans cette partie?

5. La septième partie est un appel à ce départ ultime qu'est la mort. Relevez le vocabulaire qui suggère l'idée du départ.

6. Pourquoi peut-on affirmer que le vers 112 de ce dernier poème des *Fleurs du mal* nous ramène explicitement à celui intitulé *Au Lecteur* (voir p. 9), qui ouvre le recueil?

7. Opposez la huitième partie de ce poème au troisième poème des *Fleurs du mal,* intitulé *Élévation* (voir p. 12).

8. Pourquoi Baudelaire opte-t-il pour le mot « *nouveau* » — qu'il choisit d'écrire en italique — pour clore son recueil?

POÈMES APPORTÉS PAR L'ÉDITION DE 1868

[VI] *Recueillement* (p. 115)

1. Dans *Recueillement,* l'utilisation fréquente de la majuscule met en évidence plusieurs personnifications. Identifiez tous les personnages qui peuplent ce poème.

2. Quels éléments suggèrent l'attitude de recueillement?

3. Peut-on affirmer que l'idée de la mort traverse tout le poème? Justifiez votre réponse.

4. Notez les allitérations*** des deux dernières strophes. Quel effet créent-elles?

5. Dans quelle section des *Fleurs du mal* ce poème aurait-il été inclus?

[VII] *Le Couvercle* (**p. 116**)

1. Les deux premières strophes se distinguent des deux dernières par leur sujet. Quels sont ces sujets?
2. Quels éléments concourent à donner une impression de spleen?
3. Comparez cette pièce à celle intitulée *Spleen* : Quand le ciel bas et lourd pèse comme un couvercle… (voir p. 69).

[IX] *Le Gouffre* (**p. 117**)

1. Comment se manifeste l'impression de vertige dans chacune des strophes?
2. Montrez que les thèmes du vide et de l'absence sont présents tout au long de ce poème.
3. Ce poème présente la vie comme un mauvais rêve. Quels éléments permettent de l'affirmer?

LES ÉPAVES

I *Le Coucher du soleil romantique* (**p. 118**)

1. Qu'est-ce qui permet d'affirmer que le Soleil est une personnification de Dieu?
2. Quels vers évoquent la puissance de ce Dieu?
3. Montrez que le spleen et l'idéal se côtoient.

V *À celle qui est trop gaie* (**p. 119**)

1. Montrez que les trois premières strophes sont traversées par l'idée de lumière, de joie et de vie.
2. Qu'est-ce qui blesse le narrateur dans les cinquième et sixième strophes?
3. Pourquoi le crime est-il commis la nuit (vers 25)?

VI *Les Bijoux* (**p. 121**)

1. Quels éléments des *Bijoux* créent l'impression d'un tableau représentant la beauté idéale?
2. Indiquez les passages qui suggèrent l'esprit sauvage et exotique de la femme décrite.
3. Comment est représenté l'idéal dans ce poème?
4. Peut-on dire que cette pièce résume bien le titre du recueil *Les Fleurs du mal*? Justifiez votre réponse.

VII *Les Métamorphoses du vampire* (**p. 123**)

1. Peut-on affirmer que le vampire est une allégorie*** qui illustre l'illusion de l'amour? Justifiez votre réponse.
2. Rapprochez *Les Métamorphoses du vampire* du poème intitulé *Le Vampire* (voir p. 33). Qu'est-ce qui les distingue principalement?

GALANTERIES

X *Hymne* (**p. 124**)

1. Quels termes servent à désigner la femme aimée? Quelles impressions ces termes créent-ils?
2. *Hymne* allie le thème de l'amour à celui de la mort. Démontrez-le.
3. Comparez le traitement du thème de l'amour dans cette pièce au traitement du même thème dans la pièce intitulée *Les Métamorphoses du vampire* (voir p. 123).

PROJET D'UN ÉPILOGUE POUR L'ÉDITION DE 1861

Épilogue (**p. 125**)

1. Comment peut-on caractériser les éléments énumérés au troisième vers?
2. Quelles sont l'allégorie*** et la métaphore*** développées dans *Épilogue*?
3. Relevez le vocabulaire lié au thème de la prostitution.
4. À qui s'adresse le narrateur? Pourquoi?
5. Établissez un lien entre ce poème et le titre du recueil *Le Spleen de Paris*.

p. 15 EXTRAIT 1

X *L'Ennemi*
Compréhension

1. La terre au vers 8 a une fonction bien différente de celle qu'elle occupe dans l'ensemble du poème. Montrez-le.

2. À quelles expressions des deux premières strophes s'opposent les « fleurs nouvelles » du vers 9 ?
3. Relevez les termes qui évoquent le thème de la mort dans la deuxième strophe.
4. Quels mots se rapportent au thème de l'eau ?
5. Quelles sont les références aux saisons et aux climats ?
6. Quelles sont les expressions qui se rapportent au paysage ?
7. Qui est l'ennemi ?

Style

1. Quelle figure de style est présente dans le premier vers ?
2. Commentez les rimes de la première strophe.
3. Le vers 8 se développe en trois temps et montre une progression. Démontrez-le.
4. Quel signe de ponctuation revient à plusieurs reprises dans la dernière strophe ? Quel effet cette répétition crée-t-elle ?

Vers la dissertation littéraire

1. Montrez que les deux premières strophes illustrent une destruction, alors que la troisième sert à formuler un espoir.
2. Montrez que le poème présente une opposition fondamentale entre la fuite du temps dans la nature et la fuite du temps chez l'être humain.
3. Montrez que le poème est une longue métaphore*** de l'état d'âme du narrateur.
4. Comparez ce poème à celui intitulé *L'Horloge* (voir p. 74).

p. 31-32 **EXTRAIT 2**

XXIX *Une Charogne*

Compréhension

1. Relevez les termes qui évoquent le thème de la mort.
2. Comment se manifeste l'indignité de la nature ? Quelles expressions la suggèrent ?
3. Pourquoi dit-on souvent que ce poème est une « fleur du mal » ?
4. À qui s'adresse le poème au premier vers ? Quelle est l'importance de cette adresse ?

5. Relevez les évocations érotiques dans la deuxième strophe.

6. Quelles expressions dans les trois premières strophes insistent sur la chaleur environnant le narrateur et la charogne?

7. Pourquoi «le ciel» dans la quatrième strophe voit-il la charogne comme une «fleur»? Quel est l'effet de cette indifférence?

8. De la quatrième à la septième strophe, identifiez les passages qui se rapportent à la vue, à l'ouïe et à l'odorat.

9. Dans les cinquième, sixième et septième strophes, le tableau vivant présente un contraste frappant avec l'idée de mort esquissée depuis le début du poème. Montrez-le.

10. Peut-on affirmer que la huitième strophe fait référence implicitement à la composition du poème? Justifiez votre réponse.

11. Le désir de la chienne est lié à quel sens absent jusque-là dans le poème?

12. À partir de la dixième strophe, à qui s'adresse le narrateur? Pourquoi cette adresse étonne-t-elle?

13. Quelle opposition marque l'avant-dernière strophe?

14. Pourquoi les «floraisons» sont-elles «grasses»?

15. Comment se manifeste le thème de l'amour dans la dernière strophe?

Style

1. Montrez que le ton des deux premiers vers trompe le lecteur.

2. Quel effet crée la répétition de la consonne liquide [l] aux vers 19 et 20?

3. Quel effet créent les métaphores*** utilisées pour nommer la femme aimée aux vers 39 et 40?

Vers la dissertation littéraire

1. Montrez que la chienne et la charogne illustrent bien l'idée que se fait Baudelaire du naturel et du corporel.

2. En quoi ce poème est-il une revanche sur la mort?

3. Montrez que ce poème illustre bien la rhétorique de l'originalité de Baudelaire, tant par le thème que par les images et le vocabulaire.

4. La conception de l'art de Baudelaire est illustrée par le thème, les descriptions et le propos des dernières strophes de ce poème. Montrez-le.

XLVII *HARMONIE DU SOIR*

Compréhension

1. Quels mots contribuent à donner un ton prophétique au premier vers ?

2. Relevez les éléments qui suggèrent une perception sonore, une perception olfactive ou une perception visuelle dans la première strophe.

3. Montrez que, chaque fois qu'un vers est répété, il apparaît dans un nouveau contexte qui transforme le sens qu'il avait précédemment.

4. *HARMONIE DU SOIR* présente à la fois un mouvement ascendant (vertical) et expansif (horizontal). Montrez-le.

5. Montrez qu'à travers le poème, le mouvement du Soleil est évoqué par intermittence.

6. Montrez que les paysages visuels succèdent aux paysages sonores.

7. Comment se manifestent les thèmes de la spiritualité et de la religion ? Relevez les éléments du texte qui s'y rapportent.

8. Montrez que cette spiritualité est intimement liée à l'amour du narrateur pour la femme dont le souvenir est rappelé.

9. Quelles sont les expressions qui suggèrent le tournoiement ?

10. Relevez les termes qui se rattachent à la musique et aux sensations auditives.

11. Faites l'étude des correspondances.

12. Quel effet naît des descriptions opposées du « cœur » formulées à la fin du vers 9 et au début du vers 10 ?

13. Montrez que le sens du « néant vaste et noir » au vers 10 est ambivalent.

14. Comment peut-on expliquer l'image suggérée au douzième vers ?

15. Le dernier vers opère un revirement en montrant que ce poème décrit en fait un état d'âme illustré par les paysages extérieurs dépeints auparavant. Démontrez-le.

Style

1. Expliquez le fonctionnement de la structure des vers.

2. Combien de rimes y a-t-il ? Chaque rime, par sa phonétique, peut-elle être rapprochée à un des mouvements décrits à la question 4 sous « Compréhension » ?

3. Quel mouvement est suggéré par la réapparition des vers à chaque strophe ?

4. Dans le premier vers, repérez les sons [v] qui suggèrent la vibration.

5. Commentez la phonétique du vers 12.

6. Pourquoi peut-on affirmer que la comparaison dans le dernier vers est particulièrement judicieuse ?

Vers la dissertation littéraire

1. Montrez que ce poème suggère d'abord une impression de vibration et de mouvement, et qu'il se termine en laissant une impression de fixité.

2. Montrez que ce poème est d'inspiration religieuse, par les thèmes, le vocabulaire et la répétition des vers.

3. Peut-on affirmer que ce poème s'oppose à SPLEEN : QUAND LE CIEL BAS ET LOURD PÈSE COMME UN COUVERCLE... (voir p. 69) ?

| p. 69 | **EXTRAIT 4** |

LXXVIII *SPLEEN* : QUAND LE CIEL BAS ET LOURD PÈSE COMME UN COUVERCLE...

Compréhension

1. Relevez les termes qui permettent d'affirmer que ce poème présente un monde d'obscurité.

2. Peut-on affirmer que les mots qui évoquent la verticalité suggèrent l'idée de prison et de limite ? Pourquoi ?

3. Peut-on affirmer que les mots qui évoquent l'horizontalité suggèrent l'engloutissement et la compression ? Pourquoi ?

4. Comparez le premier et le dernier vers.

5. Comment est caractérisée l'« Espérance » ?

6. Baudelaire a choisi de remplacer le mot « horribles » par « infâmes » au vers 11. Comment peut-on expliquer ce choix ?

7. Quel contraste frappant oppose la troisième strophe à la suivante ?

8. Peut-on affirmer que les cloches représentent en quelque sorte le cri de l'âme ?

9. Doit-on penser que la scène décrite à la dernière strophe est intérieure ou qu'elle se déroule vraiment ?

10. La mention du défilé des corbillards qui suit le son des cloches donne-t-elle une suite cohérente au poème ? Justifiez votre réponse.

Style

1. Étudiez la structure syntaxique de la première phrase, qui s'étend de la première à la quatrième strophe.

2. Montrez que l'allitération*** du vers 8 permet d'entendre le mouvement de la chauve-souris.

3. Commentez la métaphore*** des vers 9 et 10.

4. Quelle impression naît de la répétition des sons [l] et [m] aux vers 17 et 18 ?

5. Commentez la répétition du son [s] dans le vers 19, « l'Angoisse atroce, despotique ».

6. Pourquoi passe-t-on de la première personne du pluriel à la première personne du singulier à la dernière strophe ? Quel effet en ressort-il ?

Vers la dissertation littéraire

1. Montrez que les allégories***, les thèmes et l'évolution du mal de vivre illustrent le spleen.

2. Montrez que l'espace représenté diminue progressivement, alors que l'angoisse augmente.

3. Peut-on affirmer que ce poème s'oppose à celui intitulé *ÉLÉVATION* (voir p. 12) ?

QUESTIONS SUR *LE SPLEEN DE PARIS*

I *L'ÉTRANGER*** (p. 129)

1. Que peuvent symboliser les nuages dans ce poème ?

2. Distinguez les éléments appartenant à la vie terrestre de ceux relevant plutôt de l'idéal. Comment sont-ils perçus ?

II *LE DÉSESPOIR DE LA VIEILLE* (p. 129)

1. Comment l'auteur suggère-t-il une ressemblance entre le petit enfant et la vieille femme ? Qu'est-ce qui les distingue surtout ?

2. Qu'est-ce qui donne tout son poids à la solitude de la vieille ?

V *La Chambre double* (p. 130)

1. Comment le narrateur s'y prend-il pour former le tableau idéal dans la première partie de ce poème?
2. Bien que le spectre se présente sous différents masques, que représente-t-il invariablement?
3. Comment est représenté le thème du temps qui passe tout au long du poème? Comment ce thème évolue-t-il?

VI *Chacun sa chimère* (p. 132)

1. Quels éléments donnent une impression de rêve au poème *Chacun sa chimère*?
2. De quoi est composée la chimère du narrateur? En quoi est-elle différente de celle des autres hommes?
3. Quel aspect le ciel revêt-il? Quels autres poèmes de Baudelaire représentent le ciel ainsi?

VIII *Le Chien et le Flacon* (p. 133)

1. Pourquoi peut-on affirmer que le poème *Le Chien et le Flacon* rappelle l'attitude du bourgeois?
2. Montrez que ce poème oppose l'art à la nature.
3. Pourquoi le poète choisit-il de faire renifler précisément un parfum au chien?

IX *Le Mauvais Vitrier* (p. 134)

1. Comment est représenté ce qui, selon toute apparence, devrait être considéré comme le goût de faire le mal?
2. Qu'est-ce qui rend précisément mauvaise l'action du narrateur?
3. *Le Mauvais Vitrier* effleure une question esthétique au passage. Laquelle? Justifiez votre réponse.

XI *La Femme sauvage et la Petite-maîtresse* (p. 136)

1. Quels sont les reproches formulés par le narrateur à la petite-maîtresse dans les deux premiers paragraphes?
2. Relevez les éléments qui suggèrent que l'homme et la femme se comparent au dompteur et à sa bête.

XIII *Les Veuves* (p. 138)

1. Qu'est-ce qui distingue les veuves des gens qui les entourent?

2. Qu'est-ce qui les distingue l'une de l'autre?

3. Dans quelle attitude le poète est-il représenté?

4. Si ce poème avait fait partie des *Fleurs du mal,* dans quelle section l'aurait-on trouvé? Justifiez votre réponse.

XVI *L'HORLOGE* (P. 141)

1. Montrez que la femme efface le spleen.

2. Quels poèmes des *Fleurs du mal* proposent une comparaison entre la femme et les chats? Qu'est-ce qui les distingue de *L'HORLOGE*?

XVII *UN HÉMISPHÈRE DANS UNE CHEVELURE*** (P. 142)

1. Relevez les occurrences des sons [l] et [m] dans le premier paragraphe.

2. Quel type de correspondance est présent dans *UN HÉMISPHÈRE DANS UNE CHEVELURE*?

3. Quels éléments aident à constituer le thème de l'exotisme?

XVIII *L'INVITATION AU VOYAGE*** (P. 143)

1. Étudiez les correspondances établies dans *L'INVITATION AU VOYAGE*.

2. Montrez que les objets qui peuplent le pays imaginé sont investis d'une personnalité et d'un mystère.

3. Quel parti pris esthétique de Baudelaire est bien exprimé dans ce poème?

4. Quels éléments en font une description de l'idéal où le spleen est totalement absent?

XIX *LE JOUJOU DU PAUVRE* (P. 145)

1. Dans ce poème, les pauvres sont intimement liés aux animaux. Montrez-le.

2. Montrez que les paysages qui entourent chacun des enfants sont en harmonie avec ceux-ci.

3. Comment les deux enfants s'opposent-ils?

XXII *LE CRÉPUSCULE DU SOIR*** (P. 146)

1. Étudiez la correspondance du premier paragraphe.

2. Comment le narrateur s'y prend-il pour suggérer l'animalité des fous? Quelles ressemblances suggère-t-il entre les fous et les animaux?
3. Relevez les paradoxes du sixième paragraphe.
4. Étudiez les correspondances des deux derniers paragraphes.

XXIII *La Solitude* (p. 148)

1. Comment se manifeste l'ironie du narrateur envers son siècle?
2. Quel lien thématique unit ce poème au précédent?
3. Pourquoi le narrateur cite-t-il une œuvre littéraire et quelques auteurs? À quoi ce procédé répond-il?

XXIV *Les Projets* (p. 149)

1. Montrez que ce poème illustre la supériorité du rêve sur la réalité.
2. À la lumière de la réflexion finale, expliquez pourquoi chaque rêve rapproche le narrateur de sa vie réelle.
3. Quel lien existe-t-il entre l'esprit dandy et ce poème?

XXVI *Les Yeux des pauvres* (p. 151)

1. Expliquez le titre du poème. Comment interpréter le fait que les pauvres ne parlent pas?
2. À quel principe de l'idéologie révolutionnaire du xixe siècle ce poème répond-il?
3. Comment est décrit ce qui est lumineux dans le troisième paragraphe? Qu'y a-t-on mis en valeur? Quel effet cette luminosité crée-t-elle par la suite?
4. Ce poème illustre de façon particulière la présence de Satan sur la Terre. Démontrez-le.

XXVIII *La Fausse Monnaie* (p. 152)

1. Quel passage de *La Fausse Monnaie* renvoie au poème *Les Yeux des pauvres* (voir p. 151)?
2. Qu'est-ce qui distingue les yeux du pauvre de ceux de l'ami?
3. Qu'est-ce qui distingue principalement l'attitude du narrateur de celle de son ami?
4. Qu'est-ce que le narrateur reproche à son ami par-dessus tout?

XXX *LA CORDE* (VOIR « EXTRAIT 5 », P. 234)

XXXI *LES VOCATIONS* (P. 157)

1. Relevez les éléments du poème qui suggèrent un monde idéal dans le discours des trois premiers enfants.
2. Quels détails de la vie des musiciens leur confèrent un caractère réaliste ?
3. De quels poèmes des *Fleurs du mal* et du *Spleen de Paris* peut-on rapprocher le récit du troisième enfant ?

XXXIII *ENIVREZ-VOUS*** (P. 160)

1. Quel effet crée la répétition du titre dans *ENIVREZ-VOUS* ?
2. Étudiez le rythme particulier du troisième paragraphe.
3. Quelle phrase est répétée ?
4. Montrez que, dans ce poème, l'individu doit toujours être ivre pour ne pas sentir le poids du « Temps ».

XXXV *LES FENÊTRES* (P. 161)

1. Montrez que ce poème suggère la supériorité de l'imagination sur la réalité.
2. Quel paradoxe est exposé dans le premier paragraphe ?
3. Montrez que ce poème est une bonne illustration de la littérature symboliste (voir p. 176).

XXXVII *LES BIENFAITS DE LA LUNE* (P. 162)

1. Quels sont les éléments du poème qui permettent de deviner l'apparence de la femme ?
2. La Lune est-elle présentée comme une force maléfique ou bienfaitrice ? Justifiez votre réponse.
3. Comment la parenté entre le narrateur et la femme est-elle suggérée ? Quel procédé est mis en œuvre pour la suggérer ?

XXXVIII *LAQUELLE EST LA VRAIE ?* (P. 163)

1. Que symbolise Bénédicta ?
2. Peut-on affirmer que le narrateur est une allégorie*** du poète ? Justifiez votre réponse.
3. Commentez la première phrase du deuxième paragraphe. Pourquoi est-elle essentielle pour comprendre Bénédicta ?

XXXIX *Un Cheval de race* (**p. 163**)

1. Quels sont les attributs qu'a perdus la femme? Quels sont ceux qu'elle a conservés?
2. Trouvez les oxymores*** et les paradoxes.
3. Relevez une correspondance.

XLV *Le Tir et le Cimetière* (**p. 164**)

1. Quel plaisir y a-t-il à boire et à fumer devant un cimetière, selon le contenu des deux premiers paragraphes?
2. Donnez le sens concret du passage suivant : « […] un tapis de fleurs magnifiques engraissées par la destruction. »
3. Comment le bruit provenant du cimetière est-il caractérisé? À la lumière du discours de la voix, comment peut-on expliquer que ce bruit soit ainsi qualifié?

XLVI *Perte d'auréole* (**p. 165**)

1. Le poète qui perd son auréole fait-il penser à Baudelaire? Justifiez votre réponse.
2. Le lieu où se trouve le poète après qu'il a perdu son auréole est-il significatif? Pourquoi?
3. Qu'est-ce qui fait perdre son auréole au poète? Pourquoi?

XLVIII *Any Where Out of the World*** (**p. 166**)

1. Quel lien peut-on établir entre *Any Where Out of the World* et *L'Étranger,* au début du recueil?
2. Quelle conception esthétique de Baudelaire est illustrée dans la description de Lisbonne?
3. Quelle idée représentée dans le poème *Les Projets* (voir p. 149) trouve un écho dans ce poème?

XLIX *Assommons les pauvres!* (**p. 167**)

1. Le titre *Assommons les pauvres!* est une provocation. À quel principe de la Révolution française semble-t-il s'attaquer?
2. Quelle est la fameuse théorie du narrateur? Où la trouve-t-on formulée dans le poème?
3. Relevez les détails qui rendent explicite la provocation dans ce poème.

p. 154-157 **EXTRAIT 5**

XXX *La Corde*

Compréhension

1. En combien de parties peut-on diviser le premier paragraphe?
2. Montrez que le premier paragraphe annonce la fin du poème.
3. Quelle définition de l'artiste donne-t-on dans le deuxième paragraphe? Qu'est-ce qui nous permet d'affirmer que ce poème met en doute cette définition?
4. Pourquoi le peintre ne mentionne-t-il pas la réponse des parents lorsqu'il leur demande de « céder » leur fils? Quel effet ce silence crée-t-il?
5. « […] la vie qu'il menait chez moi lui **semblait** un paradis […] » À la lumière du propos central de ce poème, commentez ce passage.
6. Comment le peintre déguise-t-il l'enfant? Ces déguisements sont-ils symboliques des illusions de l'enfant? Justifiez votre réponse.
7. Comment sont représentées la corde et son action dans le troisième paragraphe?
8. Comment le narrateur réussit-il à rendre l'étonnement brutal dont il est frappé dans le troisième paragraphe?
9. Comment sont représentés le médecin et le commissaire?
10. En considérant la fin du poème, comment doit-on interpréter la réaction de la mère lorsqu'elle apprend la mort de son fils?
11. Comment doit-on interpréter le comportement de la mère lorsqu'elle se rend à l'atelier? Pourquoi s'y rend-elle? Pourquoi le peintre ne peut-il le deviner?
12. À quel moment la mère est-elle le plus agitée?
13. Les voisins sont mentionnés à deux reprises. Quelle est leur importance? Comment peut-on les qualifier?
14. Contre quelle illusion le peintre veut-il mettre en garde celui à qui il parle à la fin de l'avant-dernier paragraphe?

Style

1. En analysant la description de la scène au début du troisième paragraphe, montrez qu'elle se présente comme une peinture.

2. Lorsque les parents de l'enfant apprennent la mort de celui-ci, les paroles qu'ils prononcent et la réflexion du peintre sont des clichés langagiers. Quel effet naît de l'utilisation de ces clichés ?

3. Dans le paragraphe qui présente l'arrivée de la mère dans l'atelier, repérez les oxymores***.

4. Commentez l'expression « funeste et béatifique corde ».

Vers la dissertation littéraire

1. Montrez que ce poème est essentiellement la mise en scène d'une série d'illusions.

2. En quoi ce poème est-il représentatif de l'écriture baudelairienne ?

QUESTIONS D'UN RECUEIL À L'AUTRE

L'ALBATROS (P. 11), ÉLÉVATION (P. 12) ET L'ÉTRANGER (P. 129)

1. *ÉLÉVATION,* tout comme *L'ALBATROS,* est placé au début des *Fleurs du mal* et partage un thème avec *L'ÉTRANGER,* premier poème du *Spleen de Paris.* Lequel ?

LE POISON (P. 51) ET ENIVREZ-VOUS (P. 160)

1. *LE POISON* dans *Les Fleurs du mal* et *ENIVREZ-VOUS* dans *Le Spleen de Paris* montrent que l'enivrement de l'être humain peut provenir de plusieurs sources. Comparez les causes de l'enivrement dans chacune de ces pièces.

L'INVITATION AU VOYAGE (P. 55 ET 143)

1. Comparez les deux pièces intitulées *L'INVITATION AU VOYAGE* contenues dans chacun des recueils en portant une attention particulière aux éléments qui constituent le bonheur idéal, au lien qui unit la personne aimée et le lieu rêvé, et aux expressions qui suggèrent une atmosphère exotique.

LE CRÉPUSCULE DU SOIR (P. 88 ET 146)

1. Comparez les transformations qui s'opèrent lors de la tombée du jour dans les deux pièces intitulées *LE CRÉPUSCULE DU SOIR* contenues dans chacun des recueils. Qu'est-ce qui les distingue ?

PARFUM EXOTIQUE (P. 23), LA CHEVELURE (P. 24) ET UN HÉMISPHÈRE DANS UNE CHEVELURE (P. 142)

1. Dans PARFUM EXOTIQUE et LA CHEVELURE — contenus dans *Les Fleurs du mal* — et dans UN HÉMISPHÈRE DANS UNE CHEVELURE — contenu dans *Le Spleen de Paris* —, une expérience olfactive sert de point de départ à la description d'une correspondance verticale (voir p. 193). Comparez ces trois poèmes en observant dans chacun d'eux ce qui contribue à former le monde idéal.

LE VOYAGE (P. 108) ET ANY WHERE OUT OF THE WORLD (P. 166)

1. La dernière pièce des *Fleurs du mal*, intitulée LE VOYAGE, s'apparente à ANY WHERE OUT OF THE WORLD, placée vers la fin du *Spleen de Paris*. En effet, ces poèmes parlent d'évasion, du dégoût pour la vie sur Terre, et leurs conclusions se rapprochent singulièrement en évoquant le désir de passer dans une autre vie. Montrez-le.

ANNEXES

TABLE CHRONOLOGIQUE	
ÉVÉNEMENTS HISTORIQUES EN FRANCE	**VIE ET ŒUVRE DE BAUDELAIRE**
1821 Mort de Napoléon.	Naissance de Charles Baudelaire.
1827	Mort du père de Baudelaire.
1830 Révolution de 1830. Louis-Philippe, roi des Français.	
1841	Relations littéraires. Départ de Bordeaux pour les Indes.
1842	Retour de voyage. Rencontre de Jeanne Duval.
1845	*Salon de 1845.* Première publication de sonnets.
1846	*Salon de 1846.*
1847	*La Fanfarlo.*
1848 Révolution de 1848. Louis-Napoléon, président.	Début de la traduction des œuvres d'Edgar Allan Poe.
1851 Coup d'État du 2 décembre.	*Du vin et du haschisch.*
1852 Début du Second Empire.	*E. A. Poe, sa vie et ses ouvrages.* Fin de la relation avec Jeanne Duval. Premier envoi de poèmes à Mme Sabatier.
1854 La France en guerre contre la Russie.	Traduction des *Histoires extraordinaires* de Poe.
1855 Guerre de Crimée.	Dix-huit poèmes paraissent sous le titre *Les Fleurs du mal.*

TABLEAU CHRONOLOGIQUE

ARTS ET LITTÉRATURE EN FRANCE	ARTS ET LITTÉRATURE À L'ÉTRANGER	
	Thomas de Quincey, *Confessions d'un mangeur d'opium anglais*.	1821
Victor Hugo, *Cromwell*. Gérard de Nerval, traduction de *Faust*.		1827
Hugo, *Hernani*. Alphonse de Lamartine, *Harmonies poétiques et religieuses*. Stendhal, *Le Rouge et le Noir*. Hector Berlioz, *La Symphonie fantastique*.		1830
François-René de Chateaubriand achève *Les Mémoires d'outre-tombe*. Tombeau de Napoléon aux Invalides.		1841
Aloysius Bertrand, *Gaspard de la nuit*. Eugène Sue, *Les Mystères de Paris*. Mort de Stendhal.		1842
Théophile Gautier, *Poésies complètes*. Jean-Baptiste Camille Corot, *Le Baptême du Christ*.	Richard Wagner, *Tannhäuser*.	1845
George Sand, *La Mare au diable*. Berlioz, *La Damnation de Faust*.		1846
Honoré de Balzac, *Le Cousin Pons*.	Emily Brontë, *Les Hauts de Hurlevent*. Giuseppe Verdi, *Macbeth*.	1847
Mort de Chateaubriand.		1848
Nerval, *Le Voyage en Orient*.	Herman Melville, *Moby Dick*. Verdi, *Rigoletto*.	1851
Gautier, *Émaux et Camées I*. Leconte de Lisle, *Poèmes antiques*.		1852
Nerval, *Les Filles de feu* et *Les Chimères*. Gustave Courbet, *L'Atelier*.	Franz Liszt, *Les Préludes*.	1854
Hugo, *La Fin de Satan*. Mort de Nerval.	Wagner, *Les Walkyries*.	1855

TABLEAU CHRONOLOGIQUE	
ÉVÉNEMENTS HISTORIQUES EN FRANCE	VIE ET ŒUVRE DE BAUDELAIRE
1856 Fin de la guerre de Crimée. Traité de Paris.	
1857 Soulèvement de la Kabylie. Mort du général Aupick.	Publication des *Fleurs du mal*. Condamnation des *Fleurs du mal*. *Histoires extraordinaires* de Poe.
1858	Traduction des *Aventures d'Arthur Gordon Pym* de Poe. *Le Poème du haschisch*.
1859 Campagne de Napoléon III en Italie.	*Salon de 1859*. Étude sur Théophile Gautier.
1860	*Les Paradis artificiels*. Rencontre de Wagner.
1861	Deuxième édition des *Fleurs du mal*.
1863	*L'Œuvre et la vie d'Eugène Delacroix*. *Le Peintre de la vie moderne*. Traduction d'*Eurêka* de Poe.
1864	Écriture de poèmes pour *Le Spleen de Paris*. Conférences à Bruxelles.
1866	Baudelaire est atteint d'aphasie. Nouvelles *Fleurs du mal* (16 poèmes) dans *Le Parnasse*.
1867	Mort de Baudelaire. Il est inhumé au cimetière Montparnasse.
1869	*Le Spleen de Paris* (posthume). *L'Art romantique* (posthume).

TABLEAU CHRONOLOGIQUE		
ARTS ET LITTÉRATURE EN FRANCE	**ARTS ET LITTÉRATURE À L'ÉTRANGER**	
Hugo, *Les Contemplations.* Jean Auguste Dominique Ingres, *La Source* et *Le Pont de l'Alma.*		1856
Gustave Flaubert, *Madame Bovary.* Champfleury, *Le Réalisme.*		1857
Charles-Augustin Sainte-Beuve, *Les Causeries du lundi.* Jacques Offenbach, *Orphée aux enfers.*		1858
Hugo, *La Légende des siècles.* Mort de Marceline Desbordes-Valmore. Jean-François Millet, *L'Angélus.*	Wagner, *Tristan und Isolde.*	1859
Desbordes-Valmore, *Poésies inédites* (posthume).		1860
Alfred de Musset, *On ne badine pas avec l'amour.*	Fiodor Mikhaïlovitch Dostoïevski, *Souvenirs de la maison des morts.*	1861
Gautier, *Capitaine Fracasse.* Jules Verne, *Cinq semaines en ballon.* Ernest Renan, *La Vie de Jésus.* Édouard Manet, *Le Déjeuner sur l'herbe.*		1863
Hugo, *William Shakespeare.* Alfred de Vigny, *Les Destinées* (posthume). Offenbach, *La Belle Hélène.*		1864
Paul Verlaine, *Poèmes saturniens.* *Le Parnasse contemporain.* Offenbach, *La Vie parisienne.*	Dostoïevski, *Crime et Châtiment.*	1866
Émile Zola, *Thérèse Raquin.* Stéphane Mallarmé, *La Nouvelle Hérodiade.*	Wagner, *Les Maîtres chanteurs de Nuremberg.*	1867
		1869

GLOSSAIRE DE L'ŒUVRE

Cyprès : arbre des cimetières.

Dictame : baume aromatique.

Énervant : au XIXe siècle, ce terme désigne ce qui enlève du nerf, ce qui rend languissant.

Myrte : arbre voué à Vénus.

Nonchaloir : nonchalance.

Sphinx : créature ailée de la mythologie grecque formée d'un corps de lion avec une tête et un buste de femme.

Superbe : orgueilleux.

Vénus : déesse romaine de l'amour et de la beauté, assimilée à Aphrodite.

QUELQUES FIGURES DE STYLE

Allégorie : il existe plusieurs types d'allégories. Dans l'œuvre de Baudelaire, l'allégorie consiste à représenter concrètement une idée, un principe moral ou tout autre abstraction, en lui donnant corps. Elle prend souvent la forme d'une personnification. La mort représentée par un squelette portant une faux est une allégorie célèbre.

Allitération : répétition d'un son auquel on attache souvent un sens particulier. L'exemple le plus célèbre de cette figure de style est sans doute un vers de Racine dans le cinquième acte d'*Andromaque* : « Pour qui sont ces serpents qui sifflent sur vos têtes ? » Dans cet exemple, on entend les serpents dont il est question dans le vers.

Gradation : suite d'éléments marquant une évolution croissante ou décroissante. Un exemple bien connu est tiré du *Cid* de Corneille, lorsque Don Diègue dit à son fils Rodrigue : « [...] va, cours, vole, et nous venge. » Un autre exemple célèbre tiré du répertoire théâtral provient de *Cyrano de Bergerac* d'Edmond Rostand lors de la fameuse tirade des nez : « [...] c'est un roc ! c'est un pic ! c'est un cap ! / Que dis-je c'est un cap ? c'est une péninsule ! »

Métaphore : comparaison sous-entendue qui entraîne un transfert de sens. Dans l'expression « L'homme est un loup pour l'homme », nous comprenons que, grâce à une analogie, l'homme n'est pas véritablement un loup, mais qu'il est *comme* un loup : l'homme est un rival potentiel de l'homme. La comparaison est donc sous-entendue, puisque le mot

« comme » n'apparaît pas dans la métaphore et que l'analogie apparaît lorsqu'on investit l'homme du caractère du loup.

Oxymore : rapprochement de mots dont les définitions semblent se contredire. Plusieurs exemples tirés de la poésie française peuvent illustrer cette figure de style : « [...] le **Soleil noir** de la Mélancolie » (Nerval) ; « Je m'en allais, les poings dans mes poches **crevées** / Mon paletot aussi devenait **idéal** » (Rimbaud).

BIBLIOGRAPHIE

Baudelaire, Paris, Hachette, coll. « Génies et réalités », 1966.

BENJAMIN, Walter. *Charles Baudelaire, un poète lyrique à l'apogée du capitalisme,* Paris, Payot, 1982.

BONNEVILLE, Georges. Les Fleurs du mal *de Baudelaire,* Paris, Hatier, 1987.

CHARNET, Yves. *Baudelaire,* Paris, Nathan, 1991.

FRIEDRICH, Hugo. *Structures de la poésie moderne,* Paris, Denoël-Gontier, 1976.

LAUNAY, Claude. Les Fleurs du mal *de Charles Baudelaire,* Paris, Gallimard, 1993.

MILNER, Max. *Baudelaire, enfer ou ciel ! qu'importe,* Paris, Plon, 1967.

MILNER, Max et Claude PICHOIS. *De Chateaubriand à Baudelaire,* Paris, Arthaud, 1990.

PIA, Pascal. *Baudelaire par lui-même,* Paris, Seuil, 1952.

PICHOIS, Claude et Jean ZIEGLER. *Baudelaire,* Paris, Julliard, 1987.

POPOVIC, Pierre et Geneviève SICOTTE (dir.). *Misères de la littérature,* Montréal, CULSEC, Département d'études françaises de l'Université de Montréal, 1995.

RINCÉ, Dominique. *Baudelaire et la modernité poétique,* Paris, P.U.F., 1983.

STAROBINSKI, Jean. *La Mélancolie au miroir,* Paris, Julliard, 1989.

Revue

Magazine littéraire, « Charles Baudelaire », n° 273, janvier 1990.

Enregistrement

FERRÉ, Léo. *Baudelaire,* Barclay, 1990.

TABLE ALPHABÉTIQUE DES POÈMES CHOISIS

ŒUVRES PARUES

300 ans d'essais au Québec
Apollinaire, *Alcools*
Balzac, *Le Colonel Chabert*
Balzac, *La Peau de chagrin*
Balzac, *Le Père Goriot*
Baudelaire, *Les Fleurs du mal* et *Le Spleen de Paris*
Beaumarchais, *Le Mariage de Figaro*
Chateaubriand, *Atala* et *René*
Chrétien de Troyes, *Yvain* ou *Le Chevalier au lion*
Contes et légendes du Québec
Corneille, *Le Cid*
Daudet, *Lettres de mon moulin*
Diderot, *La Religieuse*
Écrivains des Lumières
Flaubert, *Trois Contes*
Girard, *Marie Calumet*
Hugo, *Le Dernier Jour d'un condamné*
Jarry, *Ubu Roi*
Laclos, *Les Liaisons dangereuses*
Marivaux, *Le Jeu de l'amour et du hasard*
Maupassant, *Contes réalistes* et *Contes fantastiques*
Maupassant, *La Maison Tellier et autres contes*
Maupassant, *Pierre et Jean*
Mérimée, *La Vénus d'Ille* et *Carmen*
Molière, *L'Avare*
Molière, *Le Bourgeois gentilhomme*
Molière, *Dom Juan*
Molière, *L'École des femmes*
Molière, *Les Fourberies de Scapin*
Molière, *Le Malade imaginaire*
Molière, *Le Misanthrope*
Molière, *Tartuffe*
Musset, *Lorenzaccio*
Poètes et prosateurs de la Renaissance
Poètes romantiques
Poètes surréalistes
Poètes symbolistes
Racine, *Phèdre*
Rostand, *Cyrano de Bergerac*
Tristan et Iseut
Voltaire, *Candide*
Voltaire, *Zadig* et *Micromégas*
Zola, *La Bête humaine*
Zola, *Thérèse Raquin*